踊る大ハリウッド

ケリー、アステアから考える
ミュージカル映画の深化

Dancing Great Hollywood

Thinking from Kelly and Astaire, Deepening musical films.

元来 涉

Motoki Wataru

幻冬舎 MC

踊る大ハリウッド

ケリー、アステアから考えるミュージカル映画の深化

初めに

新作のアメリカ映画を観たと想像してみよう。スクリーンに最初に現れるのはその映画を製作した映画会社の名前である。サーチライトに照らされた二十世紀フォックス、山の周りに星が現れるパラマウント、人間くさい自由の女神像のコロンビア（ソニー・ピクチャーズ）、地球の周りに会社名のロゴが現れるユニバーサル、WBの文字がエンブレムになったワーナー・ブラザーズ。どれも昔からなじみのある大手映画会社である。

だがそれだけでは終わらない。続いていくつかの映画会社やプロダクションの名称が、映画製作への出資額や関わり方に応じて現れる。最初に現れる大手映画会社は配給網としての役割は大きいが、製作へどれほど関わったかは映画により異なる。その後に映画のタイトルや主要キャストのクレジットが流れ、映画が始まるのが一般的である。

だが、一九三〇年代から五十年代初めにかけてのハリウッド映画はこうではなかった。当時ハリウッドには、上記五社に加えて、MGM（ライオンが吠える）、ユナイテッド・アーチスト、RKO（電波塔から電波が発信される）の計八つの大手映画会社があり、それらはメジャー・スタジオと呼ばれていた。こういったスタジオが作り出す作品に関わるのは、通常、その会社のみに限定されていた。従って映画の冒頭に提示される会社名はそのスタジオ一つだけで、後はタイトルとスタッフ、キャストのクレジットが流れるにすぎなかった。映画の企画から資金の調達まで一つのスタジオによって準備され、主にスタジオと専属契約を結んだスタッフと俳優を使って撮影され、映画館への配給もそのスタジオが担当した（独立プロダクションのための配給会社としての性格が強かったユナイテッド・アーチストは除く）。さらに上映される全国の映画館も、その一部は当の映画会社が所有するものだった（映画館をどの程度保有しているかはスタジオごとに異なる）。このように作品の製作から配給、興業までの全過程――映画産業の川上から川下まで――を単独の映画会社がすべてまかなう状態は映画産業の「垂直統合」と名付けられた。そして、大手映画スタジオによりコントロールされたこのような映画産業のあり方は、スタジオ・システムと呼ばれていた。

当時家庭で楽しむ娯楽としてラジオは放送されていたものの、テレビは実験段階から普及が十分に進んでいない時期に当たった。劇場で楽しむ娯楽はほかに演劇やミュージカル、ヴォードヴィル、バーレスクなどもあったが、観客の数も限られ、また劇場ごとの質も様々だった。その点映画は、選び抜かれたスターを主役に一流スタッフの手によって作られた様々なジャンルの作品を、安い料金で全国一律に楽しむことができた。しかも最盛期には、スタジオによってはほぼ週に一本の割合で新作を封切っていた。

このような理由から、娯楽としての映画の人気は絶大だった。一九四〇年代半ばには、全米で毎週八千万人から九千万人の観客が映画館に足を運んでいたと言われている。映画産業の全過程を手中にしていたメジャー・スタジオは、配給による収入ばかりでなく、自前の映画館からの興行収入も直接得られたため、多額の利益を手にしていた。テレビが競争相手になる前のこの時代には、堅実な方針をとっていれば映画会社の経営は安定していた。たとえある作品で赤字を出しても、他の作品の収益で帳尻を合わせられるという余裕があった。

その華やかなイメージからハリウッドは「ティンセル・タウン（金ぴかの街）」と呼ばれ、退廃したイメージからは古の都市バビロンにも例えられた。富と名声を求めハリウッドには全米からスター志望の男女が押し寄せた。さらにブロードウェイやヨーロッパから俳優、監督、音楽家など様々な才能が集まり、華やかな文化圏を形作っていた。撮影所の最高責任者はその絶大な権力からアジアの専制君主になぞらえ、タイクーンとかモーガルと呼ばれていた。役者にしろその他のスタッフにしろ、実力が認められたりかわいがられたりすれば恩寵にあずかれるが、嫌われれば冷酷な仕打ちが待っていた。

これから語るのは、このような時代に起こったミュージカル映画の進歩についての物語である。

映画が声を持った「ジャズシンガー」('27)の成功以来、各スタジオは無声映画からトーキーに向けて一斉に舵を切った。撮影所には防音のサウンドステージが作られ、録音機材が運び込まれた。映画館には音響設備が設置された。トーキーへの設備投資に加え、一九二九年十月に起きた大恐慌によってメジャー・スタジオは苦境に陥るが、それを乗り越え映画産業はますます発展していった。映画がサウンドを持ったと言うことは、そのまま新しいジャンル、「ミュージカル映画」の誕生を意味していた。トーキーへの物珍しさもあり、当初ミュージカル映画には観客が殺到した。便乗した各社は多くのミュージカル映画を作り出した。もちろん中には優れた作品もあったが、まだ技術も稚拙で、表現を広げるには撮影機材も追いついていなかった。マンネリのため一九三〇年にはあっという間にブームも去った。

だが一九三三年になってミュージカル映画は新たな転機を迎える。ワーナー・ブラザーズのヒット作、「四十二番街」や「ゴールド・ディガース」はバックステージ物の人間ドラマにバズビー・バークレイの視覚的に斬新な振付が加わり、現代生活を生き生きと描く新時代のミュージカルとなった。ＲＫＯでは、ブロードウェイから映画界に転身したフレッド・アステアがジンジャー・ロジャースとのコンビで登場し、そのダンスの素晴らしさもあって一大センセーションを巻き起こした。三十年代の終わりまで、アステア映画はダンスの側からミュージカル・シーンの可能性を広げて行く重要な役割をになった。

撮影機材や撮影技法、編集の進歩もあり、一九三〇年代はミュージカルが映画のジャンルとして定着し、娯楽としての地位を確かなものにした時代であった。だが、それはあくまで、楽しい物語に「出し物」としての歌やダンスが挟み込まれるというレベルでのことであった。同時期のブロードウェイでは、歌やダンスがストーリーと密接に結びつき、物語を推し進め、登場人物の心理をも表現するという方向に進化しようとしていた。ミュージカル映画も同様の発展を遂げるべき時期にさしかかっていた。ちょうどそこへ、まるで新しい時代を生み出すかのように、より深く人間を描く必要に迫られていた。

出すためかのように映画界に登場したのが、ジーン・ケリーである。

本書では、ミュージカル映画の進歩にダンスの面から多大な貢献を成し遂げた二人のスター、ジーン・ケリーとフレッド・アステアを取り上げ、それぞれの人物が果たした役割について語ってみたい。ただし、二人を語る私の視点はそれぞれに異なっている。ジーン・ケリーが代表するのは、ダンスも含めたミュージカル映画の進歩である。そしてフレッド・アステアが象徴するのは、身体を通してのダンスの奥深さである。

まず第一部では、ジーン・ケリーの人生と映画をたどりながら、彼が成し遂げたミュージカル映画の革新と進歩について考えてみたい。一般には、ダンスのうまいミュージカル・スターとしての面のみに目を向けられがちなこの人物が、ミュージカル映画にもたらした進歩とは何だったのかを探ることになる。

第二部ではアステアの身体を通して、ミュージカルにおけるダンスの魅力と奥深さについて考えていきたい。今日においても高く評価される彼のダンスの魅力の、依って来たる秘密を少しでも明らかにしてみたい。

結果として、一部と二部では内容も長さもだいぶ異なるものになったが、文章の長さが両者への評価の差異を表しているつもりは毛頭無い。あくまで題材に対する筆者の視点によって、描き方が異なった結果であることはご容赦願いたい。

古いハリウッド製ミュージカルに興味を持たれる方に、少しでも楽しんでいただければ幸いである。

目次

第二部

第一部

第一章　ピッツバーグ

ジーン・ケリーが映画界に入るまでの経歴は、同時代のミュージカル映画のスターたちとは少しばかり違っている。彼らの多くがヴォードヴィルやブロードウェイを経て二十代の初めまでには映画界に入っていたのに対し、ジーン・ケリーが映画界で働くのは三十歳に近くなってからのことである（フレッド・アステアが映画界に入ったのは三十四歳だが、すでにブロードウェイのスターとして確固たる地位を築いてからのことなので事情が違う）。

この遅れは、映画界に入って間もない時期から時代に先駆け革新的な振付けを行う、謂わば「即戦力」としての実力を彼に与えたとも言える。しかし、その反面、スタジオシステム下のミュージカル黄金時代という限られた時間の中で、自らの活動期間を狭め、結果的にその全盛期を短いものにしてしまった。

ここではジーン・ケリーの業績をたどりながら、彼がミュージカル映画にもたらした進歩について考えていくのが目的だが、それには彼が映画界にたどり着くまでに何を学び、いかなる気づきを得てきたかを知る必要がある。そのため、彼が映画界に遅れて登場した経緯も含め、その生い立ちからまず振り返ってみたい。

ジーン・ケリー（本名　ユージン・カラン・ケリー　他の家族との混同を避けるため今後ジーンと呼ぶ）は一九一二年八月二十三日、父ジェームズ、母ハリエットの五人の子供の第三子として、ペンシルベニア州ピッツバーグで生まれた。ピッツバーグはニューヨークから西に約五百㎞。ジーンが生まれた当時、ＵＳスチールの本社が置かれた全米一の製鉄の街で、五十万人以上の人口を擁していた。

父ジェームズの両親はアイルランド系、母ハリエットはアイルランドとドイツの血を引いていたため、ジーンの血筋の四分の三はアイルランド由来ということになる。アイルランドから米国には十九世紀以降多くの移民が押し寄せ、現在三億人を超えるアメリカの人口の内、約四千万人がアイルランドの血を引いているといわれている。しかし、遅れてやって来たアイルランド人は、同じ英語圏でありながら英国の植民地であったことや国の貧しさ、カトリック教徒であることなどを理由に「二級市民」として扱われ、貧しい労働者として生活することが多かった。そのためアイルランド人に対する米国での一般的なイメージは「大酒飲みでかんしゃく持ち、けんかっ早い」

といった芳しくないものだった。そのイメージが和らぐのは二十世紀に入り、アイルランド系のジョン・F・フィッツジェラルドのボストン市長就任や、ジョン・F・ケネディ大統領の誕生を待たねばならない。

ジーン・ケリーの父ジェームズは蓄音機のセールスマンだったため、平日は旅に出て、週末に家へ帰るという生活を送っていた。ジーンが生まれた当時はまだラジオ放送も始まっておらず、生活の楽しみとして蓄音機の需要も多かった。弟のフレッドの話によると、父親は当時のトップセールスマンで、最盛期には百輌の貨物列車百本分という信じられないほど多くの蓄音機とレコードを売ったという。ジェームズの給料は当時としては悪いものではなかったが、それでもジーンの生まれた当時、家の暮らしぶりは平均的な庶民のレベルであった。

母ハリエットは若い頃からショービジネスに憧れを抱いていたが、父親が厳しかったため、芸能界へ足を踏み入れることを断念せざるを得なかった。それでも好きな芸事をやめられなかった彼女は、教会などで催されるアマチュア・ショーに参加していた。夫と出会うきっかけもそのようなアマチュア・ショーの会場であったという。自身の果たせなかった夢を子供に託したのか、ハリエットは子供たちを幼い頃からダンス・スクールへ通わせている。

ジーンも七歳の頃から他の兄弟と一緒に市内のダンス・スクールへ通わされる。しかし、これはジーンにとって決して楽しい体験ではなかった。そもそもスポーツが好きでダンスの稽古に身が入らなかったせいもあるが、そればかりではない。家の近所は鉄鋼労働者が多く住む貧しい地域で、言葉づかいも荒く、子供たちのけんかに石や棒が持ち出されることも珍しくなかった。しゃれた服を着せられてスクールに向かう兄弟たちは、周辺の子供たちの格好のいじめの対象となった。行き帰りに待ち伏せた子供たちから服装やダンスの稽古を「女々しい」と嘲けられ、特に小柄だったジーンは攻撃の対象となった。持ち前の負けん気で反撃する彼の服は、家に帰る時にはいつもボロボロになっていたという。

こういった体験はジーンの心に一種のコンプレックスとして影を落としたのではないかと思われる。その結果、屈辱感とスポーツへの強い嗜好とが結びつき、「ダンスは決して女々しいものではない。ダンスはスポーツと体の使い方が共通しており、男性的なものだ」という独自の理論を後に作り上げていくことになる。

さて母親は、当時ヴォードヴィルで人気のあった親子の一座、ザ・セブン・リトル・フォイズにあやかり、子供たちをザ・ファイブ・ケリーズとしてアマチュア演芸大会に出場させていた。さらに一九二〇年代からは市内の劇場にも出演させるようになった。ある時、ピッツバーグに来演予定のザ・セブン・リトル・フォイズが来られなくなったため、劇場マネージャーがザ・ファイブ・ケリーズを代役にたてた。これが成功しケリーズはピッツバーグのショービジネス界で人気者になったという。しかし、兄弟の中で自ら熱心に稽古をしたのは弟のフレッドだけで、長男のジェームズ・ジュニアは早々に脱退してしまう。母親は残った子供たちをうまく組み合わせ、劇場やクラブなど演じる場所の環境に合わせて出演させるようになった。

子供時代のジーンが夢中になったのは芸事よりもスポーツだった。父のジェームズもスポーツマンでボクシング、スケート、アイスホッケーを嗜んだが、中でも子供たちに熱心に教えたのはスケートだった。ジーンは持ち前の運動神経の良さで、「八歳の頃には近所で自分よりうまく滑れるものはいなかった」というほどに上達した。おじのガスからは体操を教えられ、これも得意種目になった。他に水泳、ラクロス、アイスホッケーを得意にしていた。特にアイスホッケーでは「フィールドのスパークプラグ」と言われるほどのスピードと闘志を誇り、自身が参加したチームをいつも勝利へ導いた。自らも「スケートリンクのモーツァルト」と称したほどで、十二歳の頃には大人に勝るほどの技量を見せ、十代でセミプロチームにも参加している。

野球も得意で地元の球団パイレーツの選手になることを夢見ていた。しかし、生来の小柄な体格のため、野球、フットボール、バスケットボールなど多くのプロスポーツに向かないことを自覚せざるを得なかった。これはジーンにとって挫折と言ってもよい体験であり、その後の人生を考える上で重要な要因となった。ハイスクールの頃には身長も伸びていったが、それでも最終的に一七〇㎝ほどで、プロのアスリートとしてやっていくには難しかった。

ハイスクール時代のジーンはスポーツに励むばかりか成績も優秀で、ディベートクラブや学校新聞に関わり、ジャーナリズムへの関心を抱いていた。加えて、詩を書くなどロマンティックな一面もあったという。一方この頃から、女の子にもてたいという理由でダンスの稽古にこれまでより熱心に取り組むようになった。学校でもエンターテイナーとして知られるほど、ダンスのうまさは際立っていた。

一九二九年、ジーンはペンシルベニア州立大学に入学し、ジャーナリズムを専攻する。しかし、その年の十月に大恐慌が起こると、父ジェームズは仕事を失うことになる。すでに恐慌以前からラジオの普及に伴い蓄音機は売れなくなっていた。恐慌後、事態はさらに悪化し、父親は契約していたレコード会社から首を切られてしまう。その後、様々な仕事に応募するが職を得ることができず、自ら始めた雑貨や服飾関係のセールスもうまくいかなかった。結局父は仕事をあきらめ、たまに友人と飲みに出かける以外は家に閉じこもる生活を送るようになった。一家の家計は貯金とフレッドがアマチュアの夕べやショーに出演して稼いだお金に頼ることになる。ジーンもできる限りのアルバイトをするが、稼げる額はたかがしれていた。一方、大学の友愛会では新人に対するいじめとも言える扱いや、宗教・経済状態による差別が存在した。ジーンはこれに憤慨し戦うが、最終的に退学。翌年地元のピッツバーグ大学に移り、経済学を専攻することとなる。

地元に戻ったジーンは、家計を助けるためフレッドと一緒に様々なコンテストやアマチュアの夕べで賞金を稼ぐようになった。そうなると、これまでに習った基本のステップだけではレパートリーが足りないことに彼は気づいた。新しいオリジナルステップを身につける必要が生じたのだ。そこで二人は、ピッツバーグにやって来るあらゆる芸人のダンスを観ては研究し、習えるものは誰からでも習った。黒人タップダンサーでビル・ロビンソンの次に上手いと言われたクラレンス・〝ダンシング〟・ドットソンからはそのステップを「盗み」、同じ黒人のフランク・ハリントンには新しいステップやルーティンを習った。お返しにジーンからハリントンに教えたこともあった。ブロードウェイのスター、ジョージ・M・コーハンの舞台からは、男のヴァイタリティーにあふれた振る舞いやダンスなどの影響を受けたという。

二十年代の終わり、大恐慌の少し前、母ハリエットはフレッドの活躍ぶりを見て、自らダンススクールを開くことを考えた。そこで、当時ピッツバーグでダンススクールを開き、フレッドもレッスンを受けていたルウ・ボルトンに近づき、彼のスクールを手伝うようになる。

大恐慌以降、ジーンとフレッドのダンスに対する才能や稼ぎぶりを再認識したハリエットは、ダンススタジオの経営に本格的に乗り出していく。まず目をつけた土地は、ピッツバーグから一〇〇㎞程離れた鉱山町で文化施設が少なく、彼女の兄弟も住んでいたジョンズタウンだった。手持ちの資金に乏しい彼女はルウ・ボルトンに共同事業を持ちかけ、施設やスタッフを準備。一九三〇年になんとか開校にこぎつける。ところが、当初生徒が少なく利益も上がらなかったことから、ボルトンはこのスタジオに興味を失い、翌年になるとレッスンに現れないことが増えていった。このため代役の講師を務めざるを得なくなったジーンは努力を重ね、二、三ヶ月経つ内には熟練した教師になったという。ボルトンの関心が薄れれば薄れるほど、ハリエットは自分たちでこのスタジオを成功させねばならないと考えた。長引く不況の中、子供たちも生活のためにスタジオを成功させる必要性を痛切に感じていた。長男のジェームズ・ジュニアを除き、一家は皆でダンススクールの運営に本格的に関わっていった。

まず第一の課題は生徒の数を増やすことだった。そのため彼らは様々な工夫を凝らしていく。スタジオではプロに教えるのと同様の本格的な指導をする一方、数度のレッスンである程度の成果が出るよう心がけた。当時はやりのステップを教えたり、授業料を支払えない生徒には猶予してやるなど、入門者の要望にも応えるようにした。このようにして生徒の数は徐々に増えていった。

ジーンの教師やダンサーとしての名声が広がり始めた頃、ピッツバーグにあるユダヤ教会（シナゴーグ）の修道女会からある依頼が入る。同会がラビへの支払いに充てる基金を調達するため、それまでボルトンに依頼していた恒例のショーや慈善市の演出をジーンに引き継いで欲しいというものだった。彼はそれを引き受け、初めて本格的に演出・振付けを手がけることになる。

手始めは、シナゴーグの若者にショーへの参加を説得することだった。その手段としてジーンは、ダンスを教える前に彼らにバスケットボールや体操をさせた。スポーツとダンスが変わらないことを体験させ、踊ることは決して女々しいことではないと納得させる方法をとったのだ。このやり方は功を奏し、少年たちのダンスに対する考えを前向きに変えることができた。

一九三一年九月にレッスンが始まると、彼のクラスは若い生徒たちに人気となり、その評判はピッツバーグ中に知れ渡った。生徒たちの協力も得て、ジーンは十九歳にして初めて慈善市でのショー「レヴュー・オブ・レヴューズ」の演出、振付けを担当し、大きな成功を収めることができた。

このレッスンを足がかりに、一家はピッツバーグにもダンススタジオを開設した。この頃のジーンは、平日の昼は大学で勉強し、夜はフレッドとクラブで踊ってお金を稼ぎ、週末になるとジョンズタウンとピッツバーグを往復して教えるという毎日を送っていた。しかし、これほど忙しい時期にありながらも、彼は時間を上手く活用していた。大学でスポーツに時間を割けないため、時間があるとジムで汗を流した。フランス語とイタリア語の勉強も続け、堪能になった。

スタジオの生徒には子供も多かったが、当時から彼の子供たちへの扱いが上手いことには定評があった。

当時の関係者の話によると、

「彼は子供の扱いがとても上手く、近所の子供たちは皆彼のクラスに出たがった。一目で彼がスターだというのがわかるんだ。信じられないほど人を惹きつける魅力があった。思うように子供を動かすことができるので、才能のない子でも彼の指導の下では輝いた。親も驚くようなステップを踏むようになるんだ。ジーン自身が踊ると大喝采が起きたよ(1)」

このような子供の扱いのうまさは、後年、映画の演出にも生かされることになる。

一九三二年、スタジオの名称が「ジーン・ケリー・ダンススタジオ」と変更され、ジーンが名実ともにスタジオの看板となった。経営は母が行うものの、父ジェームズも経理として参加するようになり、人生の生きがいを取り戻すことができた。この頃から、スタジオの人気を高める目的で毎年夏にジョンズタウンでショーを開催することが恒例になった。ショーではジーンと子供たちが様々なダンスを披露し、例年大きな評判を呼んだ。

スタジオ経営を続けながらも、生活費を得るためにジーンはフレッドと共に様々な場所で踊ることをやめなかった。当時二人の稼ぎ場所の中に、俗に〝クループ〟と称された柄の悪いナイトクラブがあった。酔っ払いの罵声やからかいが飛び交うクループは、彼にとってダンスを披露するには屈辱的な場所だった。飛んでくるおひねりに対し、フレッドは笑顔で受け取りダンスを続けるが、ジーンには屈辱感しか残らなかった。それでも彼は次のような教訓を引き出している。

「……やつらが期待してるのは、舞台に出てきた芸人が下品なジョークをちょっとしゃべって、それから歌うことだ。歌の間はわき見をしていてもいいからね。でもダンスの場合、彼らがずっと見続けていないと、自ら払ったお金の元が取れないんだ。よくあるのは、こっちをちょっと見た後ですぐにわきにいる友達に話しかけてしまうんで、最高のステップを見逃してしまうことだ。数年後に映画界に入ってから、こういったクラブに出演していた頃のことを振り返ってみた。そうするとダンスナンバーが上手く編集されていることがどれほど大事かということがよくわかったよ。というのは、もしそうじゃないと、観客の集中力が続かなくなるんだ。つまりここぞという時に相手が君に背を向けているのと同じことだ。そうしたら、君のしようとしていることが何だかわからなくなってしまう(2)」

一九三三年に大学の経済学科を卒業すると、ジーンはその夏、当時アメリカのダンスの中心地だったシカゴへ向かい、シカゴ・ダンス教師協会が主催するマスター・クラスに参加した。シカゴがダンスの中心地になった理由の一つは、無教養だが金のある畜産業者に嫁いだ妻たちが、洗練された存在であることを誇示するためにダンサーのパトロンになってくれたからだという。マスター・クラスで彼は、かつてニジンスキーの同僚であったアレクサンダー・コチェトフスキーにクラシックバレエを習い、さらにガンベリと言う老人からはクラシックバレエの古典的な指導法チェケッティ・メソッドでの指導を受けた。またリタ・ヘイワースの叔父にあたるアンヘル・カンシーノからはフラメンコや社交ダンスを学んでいる。

恐慌は必ずしもダンススクールの経営に悪い影響を与えたわけではない。一九二七年にトーキー映画が出現すると、その後のミュージカル映画ブームにのってダンスを習いたい若者たちがスタジオの門をたたくようになった。一旦ブームは去るが、一九三三年にワーナー映画「四十二番街」、「ゴールド・ディガース」のヒットやフレッド・アステアの映画登場が重なると、再びブームに火がつき、ダンススクールには大勢の生徒が押しかけるようになった。このためケリー家が経営するスタジオもようやくかなりの儲けを出せるようになった。

その忙しさの中、多くの演出の仕事も抱えながら、それでもジーンはピッツバーグ大学のロースクールに入り、法律家になることを目指していた。母ハリエットはこれまでの行動に矛盾するようだが、子供たちが「堅い仕事」に就くことを期待していた。ジーンには法律家になってほしいと考えていた。もちろん彼自身もその願いをかなえるつもりであった。

一九三三年秋、ジーンはロースクール入学のための準備を整えた。二つのスタジオには数人の教師を雇い、ジーンが週末だけスタジオに関われればすむようにした。しかし、入学後数週間たつと、そこが自分の居場所ではないことが身にしみてわかった。講義の最中もダンスの新しいステップが頭の中を駆け巡り、法律家になりたいという意志を保ち続けるのも困難だと気づいた。踊ることこそが自身を表現する最高の手段だと確信したのだ。ジーンはロースクールを退学し、ダンスを一生の仕事に選ぶことに決めた。

退学後間もない頃、ピッツバーグでバレエ・リュス・ド・モンテカルロが公演を行った。バレエ・リュスとは一九〇九年に興行師、セルゲイ・ディアギレフに率いられロシアからパリにやって来たバレエ団である。ダンスや音楽・美術の素晴らしさにより、それまで停滞していた西ヨーロッパのバレエ界に一大センセーションを巻き起こした彼らは、二十年間にわたり活躍するが、ディアギレフの死により解散。一九三二年、同じロシア人のバジル大佐を中心に再結成され、名称をバレエ・リュス・ド・モンテカルロと改めていた。そのアメリカ公演での出来事である。

ジーンは公演終了後、一座のスターダンサーで後に振付家としても知られるダヴィッド・リシンに彼の楽屋でオーディションを依頼した。翌日オーディションを担当したのはリシンとは別人だったが、ジーンの才能を認め、二週間後にシカゴに来れば男性アンサンブルの一員に加えることができると伝えた。帰宅後ジーンは母と話し合うが、バレエ団の一員としてこの後ずっと貧しい生活を続けていくのは困難だとの結論にいたり、断わることになる。

そのときの心境を彼は次のように語っている。

「クラシックバレエを愛する限り、僕の踊りのスタイルがモダンすぎるという現実に直面せざるをえないんだ。今後二十年にわたって、自分が〝白鳥の湖〟や〝眠れる森の美女〟を踊っている姿が想像できなかったんだ。それで、さんざん考えた末に参加しないことを決めた。たぶん正しい選択だったと思うよ[3]」

このエピソードはいくつかの点で興味深い。ジーン・ケリーに対して我々が抱くイメージはタップやジャズダンスの踊り手としてのものだが、入団を希望するほどクラシックバレエに思い入れが深かったことに驚かされる。また、仮にこのまま入団していれば、後年映画で共演するシド・シャリースと数年後に同僚になっていたことになる。他方、自分の名を冠したダンススタジオをすでに持ちながらもこのような選択を考えていた事実の中に、将来を見通せず迷い続ける青年期の心情が垣間見えるのである。

この頃、ニューヨークのダンサーや芸人がツアーの途中ピッツバーグに立ち寄ると、稽古や新しいステップを仕入れる目的でジーンのスタジオに立ち寄ることが多くなっていた。彼らは出し物の最後に使う決めのルーティンを考えてくれるようジーンに頼んだり、出し物に対する評価を聞きたがった。このようにしてショービジネス界とのつながりが生まれ、ジーンはニューヨークでも少しは知られる存在になっていった。その中にはブロードウェイの振付家ロバート・オルトンもおり、ジーンにニューヨークへ出てくることを勧めた。

ピッツバーグでは振付けや演出の仕事がますます増えていった。ピッツバーグ劇場の依頼で振付けと演出を数年間続け、彼自身も出演した。大学で開催されていたショーも、これまではニューヨークのプロが担当していたが、ジーンに演出と出演の依頼があり、引き継ぐことになった。女子青年連盟のショーも演出した。もちろんジョンズタウンとピッツバーグのスタジオの恒例のショーや女子修道会のショーもこれまで通り続けており、大変な忙しさであった。

アステア&ロジャースの活躍に加え、シャーリー・テンプルの登場により世の親たちは我が子にスターの素質があるのではないかとこぞってダンスを習わせた。ダンスビジネスは潤い、ケリー家のスタジオ経営も順調だった。二つのスタジオはすでにピッツバーグ近郊の文化の一翼を担い、ジーンの名声はますます高まった。そのような情勢の中、彼は教師として可能な限りの努力を重ねた。しかし、ダンサーや振付家として将来を考えるなら、ブロードウェイに進出するしかないと次第に考えるようになった。

一九三七年の夏、ジーンはブロードウェイのあるプロデューサーから依頼を受けた。ショーの中で一曲振付けてほしいというものだった。しかしいざニューヨークに行ってみると、話が違っていた。振付けではなく踊るだけだったのだ。傷ついた彼は数日でピッツバーグに舞い戻った。しかし、故郷での生活を続けても、これ以上何の発展も望めないことはよくわかっていた。ブロードウェイで下積みからやっていくしかないと考え直したジーンは、一年後の一九三八年八月、成功するまで戻らない覚悟を胸にニューヨークへ再び旅立つことになる。

いささか長くなったが、ショービジネスの表舞台に登場するまでのジーン・ケリーの経歴をたどってみた。まとめるのに苦労するほど多彩な経験や活動をしてきたことに驚かされるが、これらの中にこれからの活躍を支える多くの要素が含まれていることが見て取れる。

まず、大学を卒業しロースクールを目指すだけの知性を備え、同時に闘志に溢れ、場合によっては喧嘩も辞さないタフな精神性がある。これだけ多くの仕事をこなしながら勉学も続けるほどエネルギッシュで意欲に溢れている。堅実な家庭に生まれ金銭的にも苦労するなど、人生を着実に歩む姿勢が育まれている。

人前で踊る経験も豊富で、大きな劇場から場末のナイトクラブまで様々な環境で芸を披露している。踊るだけでなく、演出や振付けにも才能があり、豊穣なアイデアを持っていた。踊りや演出をする際、観客が受け取る微妙な感覚を理解し、それを言葉にできる感性と知性がある。ダンスの指導も得意で、特に子供や初心者に対する扱いのうまさには定評があった。踊りのレパートリーも幅広く、タップの他、バレエやスペイン舞踊、社交ダンス、ヨーロッパの民族舞踊を習得していた。またタップだけをとっても、様々な芸人のステップを研究し、芸の引き出しが豊富だった。そして何より彼自身スター性に恵まれていた。

いよいよ表舞台に登場するジーンにとって、今後これらの条件がダンス、振付け、演出、演技の各局面で力を発揮することになる。

だが常にそばに居た弟のフレッドは、ジーンについてこう感じていた。

「ジーンはダンサーになりたくはなかった。人生の目標じゃなかったんだ。野球の選手や神父や法律家になりたかったんだ。でも彼は天性のダンサーだった[4]」

第二章　ブロードウェイ

ニューヨークでジーンはいくつかのオーディションを受けるが、出演料で折り合わず仕事を見つけることができなかった。結局旧知のロバート・オルトンを訪ねた彼は、当時オルトンが振付けを担当していたコール・ポーターの新作ミュージカル「私にまかせて！」で、ダンス専門の小さな役をもらうことになった。

「私にまかせて！」は一九三八年十一月九日、インペリアル劇場で上演を開始した。ソ連に赴任させられるアメリカ大使役のヴィクター・ムーアが主役だったが、テキサス出身の新人メアリー・マーティンが〝私の心はパパのもの〟を歌い、一夜のうちにブロードウェイのスターに上りつめたことで有名な作品である。ただし、ジーンにとってはしどころのない役だった。イヌイットの格好をしたダンサーの一人として、マーティンが歌う間、彼女を担いで動かしたりする役回りにすぎなかったのだ。だがジーンの完璧さを求める性向は、この頃からすでに周囲の目にも明らかだった。マーティンによるとジーンは、仕事の日にはいつもステージの上で何時間も稽古を続けていたという。彼女はこう語っている。

「……エスキモー《ママ》の一人がジーン・ケリーだったの。彼は当時はまだ若くて、ブロードウェイは初舞台だったわね。でも初日から彼のことが好きになったわ。とっても才能があって、やる気に溢れてたのよ。自分の仕事を完璧にこなすためにこれほど努力する人を私は今まで見たことがなかった……きっといつか有名になると思っていたわ。……[5]」

ようやく見つけた仕事にも拘わらず「私にまかせて！」への出演を三ヶ月で切り上げ、ジーンは「ワン・フォー・ザ・マネー」という名のレヴューに出演することを決める。一九三九年二月に開演されたこのレヴューの演出を担当したのはジョン・マレイ・アンダーソン、振付けはロバート・オルトン。六人の若い役者がいくつもの役をこなす形で舞台は進められ、ジーンは自分に任されたコントや歌の場面のほとんどを独力で作り上げる機会を得た。

ブロードウェイ公演が五月で終了すると、六月にシカゴでの公演が始まった。その間数人の役者が抜けたため、代わりに加わった出演者への新たな指導が必要になった。

あいにくオルトンが他の仕事で忙しいため、アンダーソンはジーンに新人への指導を任せた。新人俳優をダンサーと同等に踊れるようにする必要があったのだ。そこでジーンは故郷での経験を生かし、簡単なダンスのルーティンを作って彼らに教えた。指導は功を奏し、これまでのショーの水準を保つことができた。

だが「ワン・フォー・ザ・マネー」に出演したことでの最大の収穫は、演出のアンダーソンの仕事ぶりを間近で見ることができたことだった。

ジョン・マレイ・アンダーソンは一八八六年にカナダで生まれ、若い頃英国やスイスで勉強する傍らヨーロッパのショーを多数見て研究。帰国後一九一〇年代からニューヨークを中心に幾多のショーやレヴューの作・演出を担当し、欧州仕込みの洗練されたスタイルで名を馳せた人物である。

しかし、舞台やクラブ、催し物、サーカスなどが活動の中心であったため、今日我々が彼の実力を目にできる機会はわずかな映画に限られている。監督を務めた作品はユニバーサルの「キング・オブ・ジャズ」（'30）一本のみ。他に「世紀の女王」（'44）のフィナーレの水中ショーと「地上最大のショウ」（'52）のサーカス場面の演出から才能の片鱗を知ることができる。

彼の演出の特徴は衣装、背景、美術などショー全体の各要素まで自ら監督、指示を行うことにあった。場面転換は幕やパネル、カーテン、スクリーンを利用して行い、一曲の間に照明を変える回数が一般的なショー全体で行う回数に匹敵するほど照明を重視していた。

ジーンはアンダーソンについて次のように語っている。

「ショーの演出なら、この業界で一番参考になったのはマレイだ。〝ワン・フォー・ザ・マネー〟の稽古中、彼から目を離さないようにしていたよ。タイミングがすごい。照明の使い方も素晴らしくうまくて、自分の思うような雰囲気を作り出す。歌にも注意を払っていて、ちょっとアドヴァイスするだけで好い歌がヒットに結びつくんだ。彼にはそういった才能があったんだね。ヴィンセント・ミネリ、チャールズ・ウォルターズ、ロバート・オルトンといった多くの演出家がマレイからたくさんのことを学んでいる。彼自身は振付家ではないが、ダンスについてもよくわかっていたよ。……（中略）マレイの特徴は、観客が場面から醸し出される何かしらのムードに気づいても、それがどうやって作り上げられたかわからないところにある。オルトンでも、ジョージ・アボットでさえもこうはできない。二人とも場面の作り方をよく心得ている素晴らしい演出家だ。だけどマレイとの違いは、二人の仕事だと理屈がわかるということなんだ。つなぎ目がわかるんだよ。アボットはどうやって笑いを生み出したか、オルトンがどうやってこの効果を出したかがわかるんだ。でもマレイの場合は、わかるのはその効果の不思議さだけだ。なぜそうできるのかは完全に彼だけの秘密だ。映画界に入ってから、多くのナンバーのカラー撮影で、特定の色調や濃淡を強調して彼の方法を取り入れようとしてみた。そういった映画を今テレビで見ると、白黒にしろ、劣化したカラープリントにしろ見るに堪えないんだ。それというのも、ダンスの背景にあるすべての情感が消え失せて、死んだようなイメージが続いて見えるだけだからだ。僕の仕事にこんなに大きな影響を与えたのはジョン・マレイ・アンダーソンだけだと言っていいんじゃないかな(6)」

「ワン・フォー・ザ・マネー」を見たシアターギルドの舞台監督ジョニー・ハゴットはジーンに興味を抱き、一九三九年の夏から上演を予定する三つのショーの振付けを依頼した。三つの内の最後のショーの題名は「雑誌のページ」。主演を務めたのが〝レヴューアーズ〟というグループを率いていたベティ・コムデンとアドルフ・グリーンだった。後に二人はＭＧＭで、ジーンの代表作「踊る大紐育」、「雨に唄えば」を含むいくつかの傑作ミュージカルの脚本を書くことになる。このショーにはジーン自身もMCや役者として出演し、様々なタイプのダンサーがタップを踊らざるを得ない時にどう切り抜けるかをパロディーとして演じた。

このときの印象をアドルフ・グリーンは次のように語っている。

「その後のジーンのすべてが、このパフォーマンスには凝縮されてたんだね。彼のレベルの高さはすぐわかった。おまけに、初めて彼を見たとき一番に心に残るのが、感じの良さと顔の良さだというのには驚くよね。彼がダンサーだなんてこれっぽっちも意識しないんだ。でも動き出した瞬間にすべてが変わってしまう。優雅さと共にヴァイタリティーに溢れていたんだ。そして一番印象に残っているのは、観客に与える影響だ。客はひたすら彼に夢中になっている。支配されてるんだ。こりゃあ魔法だ。彼からにじみ出る〝スターの品格〟だ。彼の踊りはアスリートのようで、難しいことをおそろしく簡単なように見せる素晴らしい能力を持っていた(7)」

同じ頃ジーンにオーディションの話が舞い込む。ウィリアム・サロイヤンが自作の戯曲を演出する「君が人生の時」であった。

舞台は一九三九年のサンフランシスコの酒場。人種も異なる、ピアノ弾き、労働者、巡査、売春婦、恋する若者などによって繰り広げられる人間模様は、大恐慌後の社会的混乱や第二次大戦の勃発が影を落とすこの時期に、人間の内面の善良さを謳いあげ、アメリカを励ますものだった。

ジーンに話があった役は〝タップダンサー〟ハリー。リハーサルの段階では後に映画監督として名をあげるマーティン・リットが演じていたが、人を笑わせる演技が上手くなかった。サロイヤンは役者の変更を考えオーディションを行う。役柄に合わせた身なりで臨んだジーンはサロイヤンの心をつかんだ。一週間後、ボストンでマーティン・リットから役を引き継ぐと、十月二十五日、ブース劇場でニューヨーク公演が始まった。サロイヤンから自由に振付ける許可を得たジーンは、〝ダンサー〟ハリーに独自の性格描写をほどこし、喝采を浴びる。

サロイヤンはこう語っている。

「……ジーン・ケリーは自身の役を素晴らしく演じることで、戯曲と他の演者を助けたんだ。ニューヨークで上演が始まる以前、残ったオリジナルキャストの意見は私がこの芝居を台無しにしているというものだった。私の演出の仕方がオーソドックスではないというんだ。でも彼らには、公演開始後に観客がこの芝居に心から満足した理由を説明できないんだ。その理由の一つ、わかりやすさという点に関してジーン・ケリーは重要な役割を果たしていた。彼のタップダンス――タップに入り、終える動作――が、新たなギリシャ劇のコロスみたいになっていたんだ。今起きていることを説明してるんだよ……」(8)

ハリーを演じながらジーンはあることに気づく。踊りのスタイルがその役柄によってほぼ決定されてしまうこと、そして、ダンスを〝演じる〟ことで役に肉付けしていけるということである。

「わかったんだよ。船乗りやトラック運転手にしろ、ギャングにしろ、ダンスに翻訳できない人物はないってね。正しい振付けの言語を知っていればだけどね。……(中略)……登場してきたトラック運転手がバレエ風に跳躍して足をパタパタしたら、観客はとても受けつけてくれないだろう。役に合ってないからだよ。淑女が超低音で歌いだすようなもんだ。でもトラック運転手に似つかわしい踊り方もあるんだ。酒場のろくでなし、〝ダンサー〟ハリーに存在感を持たせたのと同じようにね。今なら当たり前のことだけど、当時の僕には大発見だったんだよ(9)」

この〝トラック運転手の理論〟はその後の振付けや演出に生かされていく。

一九四〇年の初頭、演出家ジョージ・アボットは作曲のリチャード・ロジャース、作詞のローレンツ・ハートと共に、ジョン・オハラがニューヨーカー誌に連載した短編「パル・ジョーイ」をミュージカルとして上演する企画を進めていた。振付けはロバート・オルトン、主人公ジョーイ・エヴァンスを援助する金持ちの中年女性ヴェラ・シンプソン役にはヴィヴィアン・シーガルが決まっていた。

ニューヨークのショービジネス界では、主役のジョーイ役を誰が射止めるかに注目が集まった。「君が人生の時」を観ていたロジャースやオルトンは当初からジーンを推薦していた。ロジャースからエージェントのジョニー・ダロウの元に「歌えるのか?」と問い合わせがあったことを知ったジーンは、コーチについて歌の訓練を重ねオーディションに臨んだ。製作陣の前で歌声を披露したジーンだったが、その後数週間返事はなかった。休暇に出かけたジーンの耳には他の役者がジョーイ役に決まったという噂さえ届いた。

ジーンがほとんど諦めかけていた頃、アボットから採用の連絡が入った。契約した出演料は週給三五〇ドル。ブロードウェイでジーン・ケリーの名声を決定づけ、映画界入りの直接のきっかけとなったミュージカル「パル・ジョーイ」の主人公ジョーイ・エヴァンスは彼のものとなった。

ミュージカルの直接の先祖を特定するのは難しいが、一般的にはオペレッタがその源流と考えられている。十七世紀半ば、オペラの喜劇的側面が独立してオペラ・ブーファが形作られ、ウィーンではこれがオペレッタとして発展していく。オペレッタはアメリカに持ち込まれ、一九〇〇年代から一九二〇年代にかけて全盛期を迎えた。異国情緒を交えたシンデレラ・ストーリーが売り物だった。これにアメリカで生まれた様々な芸能が溶け込んでいく。白人の一座が黒人に扮し歌や踊りを繰り広げるミンストレル。コント、歌や踊り、曲芸など雑多な芸からなるヴォードヴィル。猥雑な寸劇とコーラスガールを組み合わせたショーから始まったバーレスク。そしてその洗練された発展型とも言えるレヴューなどが混ざり合い、ラグタイムやジャズの影響も受けて形作られたのがアメリカ固有の文化、ミュージカルである。

当初のミュージカルはたわいもないストーリーに明るい歌や踊りが組み込まれた単純な構成のものがほとんどだった。歌や踊りはその場で楽しめればよく、ストーリーと関連している必要はなかった。ミュージカルとミュージカル・コメディーはほぼ同義語だった。しかし一九二七年に発表された「ショー・ボート」（作曲ジェローム・カーン、作詞オスカー・ハマースタイン二世）はミュージカルの流れを大きく変えることになる。ミシシッピー川を上り下りする劇場船を舞台に、人種問題や悲恋など深刻な問題を扱い、しっかりとしたストーリーと深い人間描写で作り上げられたこの作品は大変な評判を呼んだ。以後ミュージカルはドラマとしてのストーリーを掘り下げ、それを進展させるために曲と歌詞をどう有機的に統合するかという方向に進化していく。

さらに一九四〇年代は振付家アグネス・デ・ミルやジェローム・ロビンズの活躍により、ダンスも音楽と同様ストーリーと融合、一体化し、時にはダンス自体が物語を発展させ登場人物に深みを持たせるよう進化していく時代でもあった。「パル・ジョーイ」が上演された一九四〇年はちょうどその変化の入り口に位置していた。

そもそも「パル・ジョーイ」は皆が楽しめるような後味の良い話ではない。舞台は一九三〇年代末のシカゴ。歌と踊りの三流芸人ジョーイ・エヴァンスは口が上手く、女たらし。いつかは自分の店を持ちたいと思っている。さえないナイトクラブでMCの仕事にありついた彼は、金持ちの既婚女性ヴェラ・シンプソンの気を引き、関係を結ぶ。ヴェラに店を持たせてもらったジョーイだが、以前付き合った女グラディスとその愛人からヴェラとの関係をネタに脅される。結局ヴェラから捨てられ店も失ったジョーイは、一人街を去る。

セックスとゆすりで展開するストーリー。嘘やはったりで塗り固められた主人公ジョーイ。彼以外にも感情移入できる登場人物はほとんどおらず、歌詞は性的にあけすけすぎた。これほど虫の好かない人物が主人公のミュージカルは前例がなく、セックスに貪欲な中年女性ヴェラの設定は当時の観客の想像を超えていた。だが、未だ曲とストーリーの関連が乏しいミュージカルが多いこの時代にあって、「パル・ジョーイ」はストーリーと曲とダンスが高度に統合されていた。ジョーイほどある意味で複雑な人物をミュージカルで描いたのも初めてのことだった。「パル・ジョーイ」は「ショー・ボート」以来最も革新的なミュージカルと呼ばれた。

オハラの原作が持つシニカルな雰囲気を壊すことなく、嫌われ者の主人公に対していかに観客の興味を惹くかをジーンは工夫した。ジョーイを不道徳な人物ではなく、道徳観念のない人物として演じたのだ。

「たとえば、彼はいろんな女と付き合っていることを当然のことと受け止めている。それで誰かを傷つけているとは少しも気づいていない。彼が特に不愉快な行動に走る時に、僕は観客を見て、ほほ笑みかけてから歌とダンスを始めるようにしていた。キャラクターを入れ替えていると言ってもいい。
これは正しいやり方だと本能的に思うんだ。ジョージ・アボットは僕がこうするのを止めなかった。それでこのやり方でいこうと決めたんだ。でも初めはすごく心配していて、オハラに言ったんだ。〝お客に嫌われちゃうよ。一幕も持たないんじゃないか〟そしたら彼が言ったのさ。〝違うよ、客はジョーイを嫌うんだ。君のことは好きになるよ〟その言葉から、役を解釈する上での手がかりを無意識のうちに手に入れたんだと思う。……[10]」

さらに「パル・ジョーイ」に出演することでジーンは、ダンスを用いて自分の望むように観客を反応させたり、役の性格を表現する方法を学んだ。

「……たとえば一幕の終わりごろに、僕はバレエを踊る。本物のクラシックバレエだ。でもタイツははいていない。そこで今度は、スペイン舞踊風のタップをタンゴのリズムで踊るんだ。つまり僕がパル・ジョーイでやったのは、観衆がまだ見たこともないような、あらゆるものが組み合わさったものだった。すぐには分類できないものって何でも面白いんだ。〝君が人生の時〟で僕は、食い詰めた無知なダンサーを演じた。こいつがいつも考えているのは人を笑わせることだ。一方〝パル・ジョーイ〟じゃ、性格はもっとわかりにくい。ジョーイの性格にはいくつもの面がある。それを表現するには、いくつかのスタイルの違うダンスが必要だった。それがあるからダンスを通しての性格表現が可能だったんだ(11)」

フィラデルフィアでの試験興行を経て、ブロードウェイ公演は一九四〇年のクリスマスの日に始まった。当日の客はこの作品の危うさを受け入れ好意的に受け止めてくれたが、平日の昼に地方からやって来る女性客には不評だった。新聞の批評も様々だった。

ヘラルド・トリビューンでは次のように絶賛された。

「……〝パル・ジョーイ〟は突如覚醒した演劇シーズンにおける際立った成功作

と見做してよいだろう。……（中略）……ケリー氏をタイトルロールに据えたのは、配役の妙である。この才能あふれる若者のおかげでパル・ジョーイは救われた。というのも、もし主役の配役がまずければ、この斬新なミュージカルは救いようのない作品になっていた可能性があるからだ。ケリー氏は役の性格付けにあたり、特段人当たりを良くしたわけではない。しかし、率直さがかもしだす性格上の魅力をリアルな人格表現と結び付け、その結果、ジョーイが悪役でありながら同時にヒーローであるという離れ業を成し遂げたのである。パル・ジョーイはハードボイルドな喜びである」

しかし、当時最も影響力のあったニューヨーク・タイムズのブルックス・アトキンソンの批評は違っていた。

「もし虫唾の走る物語から娯楽性にとんだミュージカルコメディーを創り出すことが可能なら、パル・ジョーイがそれにあたる」が、「濁った井戸からおいしい水を汲むことはできるだろうか？」

「パル・ジョーイ」は一九四一年十一月まで公演が続いたが、作品が正当に評価されるには一九五二年の再演を待たねばならなかった。

ジーンの評判は演劇界だけにとどまらなかった。ある日「パル・ジョーイ」を観たMGMの脚本家がジーンの素晴らしさをプロデューサーのアーサー・フリードに伝えた。

一八九四年生まれのアーサー・フリードは、トーキー到来後まもなく作詞家としてMGMと契約。撮影所の最高実力者、ルイ・B・メイヤーとの信頼関係を深め、次第にプロデューサーとしての道を歩んでいく。「オズの魔法使」（'39）ではクレジットに載らないものの実質的なプロデューサーとして活躍。「青春一座」（'39）で正式にプロデューサーを務めると、その後もジュディ・ガーランド、ミッキー・ルーニーを主役に据えた一連のミュージカルを製作してヒットを重ねていた。「パル・ジョーイ」が上演されていたのは、新しい人材を探しながらさらに次のステップを模索していた頃だった。この後フリードはミュージカルの製作に必要な様々な分野の才人を周囲に集め、多くの名作ミュージカルを世に送り出していくことになる。

フリードはすでに「君が人生の時」の上演時にジーンの楽屋を訪れていたが、今回も観劇し、ルイ・B・メイヤーにその素晴らしさを伝えた。メイヤーはやはり自身で観た上で、後日ニューヨークのオフィスにジーンを呼び寄せた。それまで他の映画会社からの誘いを断っていたジーンだったが、ハリウッドで最大の規模と陣容を誇るMGM撮影所の最高権力者の言葉に心が動いた。

さらにメイヤーは契約に当たりスクリーン・テストは必要ないと約束してくれた。ジーンは喜んで承諾するが、数日後やって来た契約担当者はメイヤーの指示でスクリーン・テストは必要だと伝える。約束を違えるメイヤーに、ジーンは怒りを込めた手紙を送り契約を断る。

その数ヶ月後、「風と共に去りぬ」の製作で知られる独立系の大物プロデューサー、デヴィッド・O・セルズニックから契約の申し出があった。メイヤーとのいざこざのせいで警戒しながらセルズニックと会ったジーンだったが、セルズニックのざっくばらんな人柄に魅了され正式に契約することとなる。契約の発効は十一月の予定だった。

八月に公演が休養期間に入ると、アボットは製作中のミュージカル「ベスト・フット・フォワード」の振付けをジーンに引き継いでくれるよう頼んだ。ジーンはこれを引き受け、ブロードウェイで初めて振付家としてクレジットに名を残すことができた。彼は九月から公演が再開される「パル・ジョーイ」に出演しないつもりでいたが、代役に引き継ぐため二週間だけでも出演してもらえないかと懇願された。その二週間、昼は「ベスト・フット・フォワード」を振付家として指導し、夜は「パル・ジョーイ」への出演と忙しい日々を送ることになった。

第三章　ハリウッド

ハリウッドに向かう前にジーンは、かねて付き合いのあったベッツィ・ブレアと結婚すると、二人で十一月にロサンゼルスへ到着した。ベッツィ・ブレアはニュージャージー出身で当時まだ十七歳。ジーンが「君が人生の時」の公演期間中に振付けを引き受けたダイアモンド・ホースシュー・クラブのオーディションで知り合い、後に女優としても活躍する。

期待を胸にやって来たハリウッドだったが、セルズニックはジーンにミュージカルの企画を用意できないばかりか、内心、正統派の俳優として育てるつもりでさえいた。ジーンはハリウッドにやって来たニューヨーク時代の友人と楽しく過ごしてはいたが、仕事を与えられないまま月日は経っていった。十分な給料が支払われていたことが、かえって義務を果たしていないことでの不安を呼んだ。

ロサンゼルスに来て五ヶ月後の一九四二年四月、ジーンにようやくミュージカルの企画が舞い込む。MGMのアーサー・フリードが製作する「フォー・ミー・アンド・

マイ・ギャル」だった。主演は当時人気絶頂のジュディ・ガーランド、共演はジョージ・マーフィー。フリードやガーランドと仕事ができることに感激したジーンはセルズニックと話し合い、最終的にMGMに貸し出されることが決まった。

圧倒的な歌唱力と自然な演技で人気を集めていたジュディ・ガーランドは、一九四一年から四十二年にかけ、ティーンエイジャーのアイドルから大人の女優へと移行する大切な時期にあった。フリードは世間の戦時色に合わせながら、ノスタルジックな雰囲気がただよう第一次大戦を背景とするドラマを彼女のために企画した。

ジーン、ガーランド、マーフィーはヴォードヴィル芸人。マーフィーの一座で活躍していたガーランドだが、強引なジーンの誘いにのって彼とコンビを組むことになる。次第にジーンに思いを寄せるガーランドだったが、徴兵を免れるためジーンが故意に自分の手を傷つけたことに怒り、コンビは解散。ガーランドは軍の慰問で海外へ去ってしまう。自らを悔いたジーンは志願するが、手に障害が残り徴兵検査に合格できない。諦めたジーンは自らも慰問部隊に参加し、ヨーロッパへ向かう。最後はブロードウェイのパレス劇場でガーランドと再会し、舞台でタイトルソングを歌う。

ジーンの役はジョーイ・エヴァンスとよく似た野心に富む自己中心的な人物である。当初マーフィーが演じるはずだったが、「パル・ジョーイ」で悪人を巧みに演じきったジーンに白羽の矢が立った。この映画では後に見せるような本格的なダンスは披露していないが、手慣れたヴォードヴィル芸を自ら振付けて軽快に踊り、実力の片鱗を見せている。

しどころのない役に回されたマーフィーは不満をつのらせジーンにつらく当たった。監督のバズビー・バークレイもマーフィーに同調したため、撮影現場には常に緊張した雰囲気がたちこめた。映画初体験のジーンにとってはつらい現場だった。この時現場を和ませ彼を支えたばかりか、映画についてあれこれ教えてくれたのがガーランドだった。彼女に感謝したジーンは、代わりにダンスの指導をして酬いた。その後もジーンはガーランドへの恩義を忘れず、彼女が後にＭＧＭを去らねばならなくなる時まで協力を惜しまなかった。

厳しい視線はマーフィーからばかりではなかった。ＭＧＭのジェネラルマネージャー、エディ・マニックスも映画におけるジーンの才能を認めず、「いけ好かないアイルランド野郎だ」とこき下ろした。フリードは親密な関係にあったメイヤーに、昼食を共にしながらこぼした。

「みんなケリーに対する私の扱いが間違っていると言うんです」
「君はどう思うんだね」
「彼のことはかかってますよ」
「よし、じゃあ、つまらん奴らの話は聞くな(12)」

五月に撮影が終了すると、編集された映画の覆面試写会が行われた。アンケートによるとジーンがガーランドの愛を勝ち取る結末に観客の八十五%が不満を抱いていることがわかった。メイヤーはジーンの役に好感を持たせるよう脚本の最後を書き直させ、戦場で救急車に危険を知らせて活躍する場面が付け加わった。完成版の試写はMGMの重役が全員出席し、市内の映画館で行われた。ジーンの演技やダンスの切れ、明るい笑顔の魅力を観れば、マーフィーを引き合いに出すまでもなくMGM契約下の俳優でジーン以上にこの役をこなせる者などいないことは明らかだった。映画は平均的な出来ばえだったが、一九四二年十一月に公開されると大ヒットとなった。ガーランドとの相性も評価され、ジーンはついにスターの仲間入りを果たすことができた。

試写を観たばかりのジーンは当初、初めて見る自分の演技に不満や怒りを覚えた。

しかし、時間と共にその感覚は薄らぎ、次第に、演技やダンスを映画という媒体でどう表現するかを考えるようになった。スクリーンに映る演技やダンスを客観的に振り返り、劇場で観客として体験することと、映画を観ることの間には大きな違いがあることに気づいたからだ。劇場で演じる場合、ジーンは自身の一挙手一投足で観客を引きつけ、沸かせる自信があった。しかし、映画で同じことをしても、観客の反応は劇場より乏しかった。理由は二つ考えられる。

一つ目の理由は演者と観客が同じ空間を共有しているかどうかの違いである。劇場では演者も観客も同じ空間に居て、同じ空気を吸っている。観客は演者の動作を目の前で起きた現実の出来事として認識し、それに対して反応する。仮に俳優が舞台で足を蹴り出せば、最前列の客は思わずのけ反るように体を動かすかもしれない。感情表現に対しても同様の反応が返る。しかし映画館ではそのような反応は起きにくい。俳優の動作はスクリーンの向こう側で行われた別の空間の出来事であり、観客はそれを客観的に眺める傾向が強い。スクリーンは観客と演技者を隔てる壁となっている。

二つ目の理由は視覚的な問題である。実際の舞台が三次元の出来事なのに対し、映画は三次元の出来事を二次元に写し取ったものに過ぎない。その結果、スクリーンに映し出される映像は舞台に比べて平板で遠近感に乏しい。

これらの理由から映画を観る観客は、同じ内容のものを観ても舞台に比べて現実感に乏しく、躍動感や緊迫感にも欠ける印象を抱きやすくなる。

ジーンは後に次のように語っている。

「……スクリーン自体はダンスにとって良い媒体とは言えない。スクリーンは二次元なのに、ダンスは三次元の動きだからね。動的なんだよ。たとえて言えば、絵画と彫刻みたいな関係さ。……（中略）……映画に欠けているものは主に運動感なんだ。舞台だとある程度のことはできるんだよ。でもハリウッドに来てすぐ気がついたんだ。舞台だと七分くらいは見せられるようなダンスが、映画だと二分しか持たないということを。その主な理由は、身体的な感覚というか運動感が足りないからだ。それからダンサーの個性も映画だと薄れやすいんだ。劇場だとお客と一緒だ。客を見つめて、包み込むのさ。客の方でこっちを包み込んでくれるとも言える。お互いに嫌い合うということもある。でもスクリーンからはそういったダイレクトな反応が返ってこないんだ。生の舞台で得られる反応とは全然違うんだよ(13)」

さらに映画では、撮影法やカメラの特性に関わる問題もある。劇場では俳優の演技や動きを観客が自分の目で能動的に追っていく。しかし、映画ではその目の役割をカメラが代行している。カメラが追い、映し出した対象を観客が見るというプロセスになる。このように物事を見る過程をカメラが媒介するため、動きにスピード感を加えたり対象との心理的、感情的距離を描いたりすることにもカメラの使い方が重要となる。

ダンスの撮影には別の問題もある。ミュージカル・シーンを撮影する場合、ダンサーの全身と共に周囲の情景を見せないといけない。しかし、このためにカメラを引くと、ダンサーの映像が小さくなり、それにつれて観客が感じとるダンサーの個性や印象も薄れてしまう。また、カメラは人間の目にくらべて限定された領域を捉える傾向が強い。これを打ち消すためにダンサーの周囲をできる限り広く撮影すると、この場合もダンサーの姿がますます小さくなり印象も薄れる。

もちろんこれまでに挙げた問題を解決するため、一九三〇年代には撮影技法や機材が改良されていった。クレーンを使った俯瞰やカメラの移動、斜め方向からの撮影を用い、遠近感やダンサーの動きが強調されるようになっていた。しかし、躍動感や臨場感をスクリーン上に再現するという意味においてはまだ十分ではなかった。この後ジーンは、踊り手が手前のカメラに向かって接近してくる動きを多用したり、被写体に低く接近できるカラー用カメラを開発するなどして、奥行きと運動感覚ばかりか観客が劇場で感じる臨場感を映画館で再現しようと試みた。

運動は奥行きだけに限らない。左右の動きを表現するのにも工夫が必要だった。カメラが左右に動くダンサーを等速度で追っていくだけでは、互いの速度が変わらないため動きが感じられない。列車に乗った人が景色を見ることで速度を感じるように、背景や前景に工夫を凝らすことも動きを強調するのには必要だった。

映画で特定の情景を描きだすためには、カメラや撮影法だけでなく別の技法も加えなければならなかった。模索の過程でジーンは、かつて身近にいてその仕事ぶりを観察したジョン・マレイ・アンダーソンの照明や色彩の使い方を思い出した。アンダーソンの色彩理論を場面の表現に応用し、カメラワークに頼らず場面の雰囲気を作り上げ、観客の感情を高める方法を見つけ出した。また時間感覚についても、全体が視野に入る舞台で数分間の動きが、スクリーンへの集中度が高い映画では一分に相当するといった違いにも気づき、映画のテンポを落とさず観客を飽きさせない工夫も模索した。

さらにダンスや演技についても気づくことがあった。舞台時代に学んだダンスによる性格表現を推し進め、「踊っているときもその人物に完全になりきる」ことで観客とスクリーン上の人物との一体感を高め、三次元の芸を二次元に押し込める場合に生じる障害の多くが克服できることに気づいた。映像と観客を隔てるスクリーンの障壁を取り払う一助となった。

映画に適した演技法も理解していった。後に彼は次のように語っている。

「僕はいつでも演じようと努めてきた。でも映画じゃそれは一番いけないことなんだ。僕の演技で一番良かったのは〝フォー・ミー・アンド・マイ・ギャル〟を撮影していた時で……（中略）……ジュディ・ガーランドと二人でただしゃべるシーンがあった。この時が僕の最高の演技だった。僕が気楽に演じて、一番自然にやれたからだ[14]」

もちろんジーンはこれらすべてを一度に気づいたわけではない。すべては「フォー・ミー・アンド・マイ・ギャル」以降徐々に見つけ出した課題である。以後彼は舞台上の表現をいかに映画に移し換えていくかを工夫し、さらには映画でのみ可能な表現方法を模索していくことになる。その答えはこの後彼が関わったミュージカル映画の中で一つずつ示されていくことになった。

　映画が公開され、ジーンのスターとして、ダンサーとしての実力が明らかになると、アーサー・フリードはセルズニックから契約を買い取るようメイヤーを説得した。交渉の結果ジーンは週給一千ドルでの七年契約に署名し、ついにMGMの一員となった。


　ジーンの契約したMGM（メトロ・ゴールドウィン・メイヤー）は、マーカス・ローが設立した映画館と劇場の一大チェーン、ローズ社の映画製作部門として、一九二四年に誕生した映画会社である。ニューヨークの親会社ローズ社でローが配給、財務を統括する一方、ハリウッドではルイ・B・メイヤーが映画製作に当たるという体制でスタートしたMGMは、一九二七年にローが亡くなるとニコラス・スケンクがローズ社を引き継ぎ、そのままの体制で運営が続いた。

　ハリウッドではメイヤーが撮影所を統括する一方、副所長で「神童」と謳われたアーヴィン・サルバーグが個々の映画を指導、管理しながら製作を進めていった。平均的な予算のプログラムピクチャーで儲けを出しつつ、そこで生まれた資金を大作につぎ込み芸術的にも興行的にも成功させるという理想的な映画作りが可能だったのは、サルバーグの優れた才能によるところが大きかった。

一九三六年にサルバーグが早世すると、メイヤーは重役や主要なプロデューサーから成る委員会を立ち上げ、個々の映画製作の認可やスターの処遇、シリーズ物の方向付けなどを決めていった。このいわゆる委員会方式によっても、サルバーグ時代と同様、経営は順調に行われていた。一九三一年から四十年の十年間にハリウッドの主要八社（ビッグ・エイト）が上げた総収益の四分の三をＭＧＭ一社で稼ぎ出していたことからも明らかなように、映画界におけるＭＧＭの名声と実力は抜きん出ていた。この豊かな財源を元手にＭＧＭは才能に溢れた人材を傘下に加えていったが、とくに俳優に関しては「空の星《スター》より多いスター」と謳われるほど、他社を圧倒していた。当時そのようなＭＧＭと契約できたことは、単に大手映画会社に入ったということ以上に大変名誉なことであった。

契約後のジーンには折からの戦時体制の下、「勝利への出撃」（'43）、「ローレンの反撃」（'43）出演など「戦争映画の顔」としての一面もあるが、本書の趣旨からミュージカルに絞って話を進めることにする。

ジーンのミュージカル二作目はコール・ポーターが作詞、作曲を手がけたテクニカラーの豪華作品「デュバリイは貴婦人」（'43）だった。元来はブロードウェイで四〇八回の上演回数を記録したヒットミュージカルだが、映画化にあたり多くのナンバーが他の作詞、作曲家の曲に差し替えられ、倫理規定のせいかきわどい部分もかなり削られていた。

ジーンはクレジット上の名前の順位（ビリング）がレッド・スケルトン、ルシル・ボールに次ぐ三番目であることを受け入れる代わりに、フリードから振付家の指名権を与えられた。当初予定されていた振付家はシーモア・フェリックスだった。一八九二年生まれのフェリックスは一九二〇年代からブロードウェイで振付家として活躍し、映画でも「巨星ジーグフェルド」や「ヤンキー・ドゥードゥル・ダンディー」などの振付けで知られている。ジーンはフェリックスをアイデアも古く時代遅れだと言って反対し、代わりにロバート・オルトンの採用を希望した。ところがオルトンはブロードウェイでの仕事のため都合がつかず、代わりに旧知のチャールズ・ウォルターズが指名されることになった。ウォルターズはこの仕事を契機にMGMと契約し、後に監督としても活躍する。

「デュバリイは貴婦人」は次のような話である。

スケルトンはナイトクラブのクローク係、クラブのスター歌手がルシル・ボール、ジーンはダンサー。スケルトンもジーンもボールに恋しているが、彼女は金持ちとの結婚を望んでいた。偶然宝くじで大当たりをとったスケルトンは、恋敵のジーンに睡眠薬入りの酒をいたずらで飲ませようとする。ところが間違ってスケルトン自身が飲んでしまい、昏睡状態で夢を見る。夢の中ではスケルトンがルイ十五世、ボールはデュバリイ夫人。ジーン扮する反王制派の義賊ブラックアローも加わり宮廷内外でドタバタが繰り広げられる。目を覚ましたスケルトンはジーンとボールの結婚を祝福し、皆で歌い踊ってフィナーレとなる。

スケルトンの大げさな笑芸が売り物の気楽なミュージカルで、ジーンにはミュージカルの進歩を象徴するような活躍場面もこれといってなかった。しかし、映画の前半、コール・ポーターのナンバーにのって流麗に踊る「ドゥ・アイ・ラヴ・ユー？」は一見の価値があった。腕立て伏せの姿勢のまま舞台の上手から下手へ跳ねて移動するルーティンは「フォー・ミー・アンド・マイ・ギャル」でも見せているが、今回は一列に並ぶコーラスガールの足元を移動し、コーラスガールが一人ずつジーンを飛び越えていくという趣向になっていて華やかさが増した。色彩の鮮やかさに音楽やダンサーの動きが効果的に融合していた。

ただし、このダンスには同じ年に封切られた「サウザンズ・チアア」のモップと踊るナンバーに象徴される、平均的な市民の日常がそのままダンスに移行して行く革新性もなければ、後の傑作群で踊られるような凝った振付けもない。彼には珍しい燕尾服姿で、ナイトクラブのショーとして決まり切ったルーティンを力まずさらっと踊っているようにも見える。しかし、それだからこそ、内容や振付けの斬新さに目を奪われることなく三十歳そこそこのジーンのダンスと身体を存分に見て取ることができる。

楽屋から通路を通り客席後方に現れるときからすでに、股関節を中心にコントロールされた体は安定し、躍動感に満ちている。通路の椅子を一つ飛び越え、さらに舞台へ飛び上がる姿の楽しげな余裕。ムーディーな曲をバックにスポットライト一つに照らされ踊る時の、流れるような腰の移動。胸、腰、腕の膨張感と彼特有の筋肉の質量感が観る者に語りかけてくる。まさにジーンの独壇場、彼ならではの身体の与える悦びである。

ここで特筆したいのは、体全体が鋳型で作られたように一つのユニットに統合されていながら、四肢や胸、腰などそれぞれの部位が独自に機能的に動き、豊かな表現を可能にしている、その身体の状態である。若い頃のケリーにはこの感覚があふれていた。

次の作品は兵士の慰問を目的に作られた「サウザンズ・チア（万雷の歓呼）」（'43）だった。製作はフリードに並びミュージカルのプロデューサーとして定評のあったジョー・パスターナク。ハンガリー出身の彼は少年時代アメリカに渡り、トーキーに移り変わる直前にユニバーサルへ入社。一九三六年よりディアナ・ダービンを主演にした一連の映画をプロデュースしてヒット作を連発した後、四十一年にＭＧＭへ移籍していた。作品に斬新さはないものの、必ず儲けを出す映画を作ることで知られていた。

主演はキャスリン・グレイスンとジーン。グレイスンは大佐の娘でソプラノ歌手。ジーンはサーカスの空中ブランコ出身の二等兵。グレイスンは父が責任者を務める陸軍の訓練キャンプに慰問のため赴任するが、そこでジーンと知り合い恋仲となる。父親から反対を受けた二人だが、最後は父親とジーンが共に出征することとなり、グレイスンとジーンは再会を誓うというお話。

当初は小品の予定だったが、慰問の目的でＭＧＭのスターが次から次へと登場する構成に変更になってしまう。ストーリーそっちのけで後半四十分以上にわたり次々と芸を披露するのは、ジュディ・ガーランド、ミッキー・ルーニー、レッド・スケルトン、ヴァージニア・オブライエン、ジューン・アリソン、グロリア・デ・ヘイヴン、マーガレット・オブライエン、エレノア・パウエル等々。MGMスター総出演のせいで自分が埋もれてしまうのではないかと心配するジーンに、プロデューサーのパスターナクは言った。

「この映画で目立ちたいかい？　だったら今まで見たこともないようなダンスを一つ作ることだ(15)」

ジーンは映画界に入って初めて、独力で本格的なソロダンスを振付けた。でき上がったのが〝モップダンス〟。スクリーンにおけるジーンのペルソナを端的に表現し、ミュージカル映画の世界に彼の存在を大きく問いかけた画期的なナンバーである。

規則違反のため外出禁止になったジーンは、兵舎の購買部の掃除をさせられている。モップを逆さにし、上着を掛けて女性に見立て、優雅に「スイートハートと呼ばせておくれ」と歌っていると、稽古中の楽団のアップテンポな演奏が始まる。リズムに乗ってジーンは軽快なタップを踏み始める。モップから箒に持ち替え、銃に見立ててホール内を踊り回る。箒を手放し、ソファからバーのカウンターへと軽やかに飛び乗り、ソーダ・ファウンテンでコップにソーダを注ぐ。仕切りを飛び越し、椅子に座ってソーダを飲み、さらに手前のテーブルの上で力強いタップを踏む。床に降りて両腕を広げ何度も回転し、投げ渡されたモップを手に取るところでダンスは終わる。

冒頭の楽団との絡みでは階段の段差を使い、ホールで画面の奥から手前への縦移動の後、ソファからソーダ・ファウンテンまでは床より高い位置での左から右への横移動、続いて手前のテーブルまでは床の高さでの縦移動、最後はテーブルの上と床上での横移動と、縦横の動きを交互に組み合わせながら、高低の使い分けを交えた構成が観る者を飽きさせない。さらに横の動きでステップを見せ、縦の動きで画面に奥行きを示しつつ観客の興味を惹き、画面との一体感を作っている。

ジーンが身につけているのはTシャツにジーンズのみ。胸と腕のたくましい筋肉が第二の衣装である。ごく普通の兵士が普段着で、これほど本格的なレベルのダンスを踊ったのは映画で初めてではないか。カジュアルな中にも強く男性性を意識させるダンスには、この姿でしか表現できないミュージカルの新しい流れとジーンの可能性が透けて見える。古くさく陳腐な慰問映画に、突然新しい時代の息吹が感じられた。このナンバーがあることで映画が価値を持ったことは、ＭＧＭの誰の目にも明らかだった。

「ローレンの反撃」出演後、次のミュージカルへ出演するため彼はコロンビアに貸し出された。テクニカラーの大作「カバーガール」（'44）だった。

ブロードウェイ・ミュージカルで後に映画化もされた「バンド・ワゴン」の作曲で知られるアーサー・シュワルツは、この頃コロンビアで「カバーガール」のプロデューサーを務めていた。主演は当時人気急上昇中で、ＧＩ人気をフォックスのベティ・グレイブルと二分していたリタ・ヘイワース。相手役はコロンビア契約下の男性スターから選ぶ予定だったが、適切な人材が見当たらないまま、様々な事情から撮影が先に始まっていた。シュワルツは初めからこの役はジーン・ケリー以外にはないと考えていたが、コロンビアのボス、ハリー・コーンは強く反対していた。

「あのひどいアイルランド顔の柄の悪い野郎か!?　リタと同じフレームに納めたら承知しないぞ。つまらん考えだ。そんなことは忘れろ。絶対にダメだ。それにあいつは背が低すぎる。パル・ジョーイを見たが、あいつはチビ過ぎる」(16)

と、話をするたびに怒っていた。

シュワルツは自ら決断し、コーンに無断でＭＧＭの配役担当総責任者ベニー・タウに会った。シュワルツはタウに現在の苦境を打ち明け、コーンがやるだけやってみろと言うから頼みに来たと嘘をついた。タウはジーンの次回作の予定から考え、四週間だけならと答えた。返事をもらったシュワルツは怒られる覚悟でコーンのオフィスのドアをたたいた。


「主演男優が見つかりました」

「誰だ？」

「ジーン・ケリーです」

雷が落ちるのを待った。

だがコーンは立ち上がるとシュワルツを抱きしめて言った。

「神よありがとう」


後にシュワルツは語っている。

「変な奴だよ、ハリー・コーンは⑰」

それでもコーンはジーンの身長を気にしていたが、後日彼をオフィスに呼び寄せ、自分と同じくらいの背の高さであることを確認し安心した。限定されていた貸し出し期間も、その後に予定されていた映画が中止となり無期限に延びた。

「カバーガール」は次のような物語である。

ニューヨークのブルックリンでジーンはナイトクラブを経営している。店の売りは彼自身が演出を手がけるショー。相棒のフィル・シルヴァースと八人のショーガールが出演している。ショーガールの一人へイワースはジーンと恋仲で、シルヴァースも含め三人は仲が良い。毎週金曜の夜、三人は近くの店で牡蠣を注文し、中に幸運の真珠が入っていないか確かめるのが恒例の儀式。だが、へイワースはいつかもっと有名になることを望んでいた。

ショーガール仲間が有名雑誌ヴァニティの表紙モデルのオーディションを受けると聞き、へイワースも応募する。編集長のイヴ・アーデンには気に入られなかったが、社長のオットー・クルーガーに認められ、へイワースはカバーガールの座を射止める。クルーガーが四十年前に一目惚れしたショーガール、マリベルとへイワースが瓜二つだったのだ。マリベルはクルーガーと結婚寸前まで行きながら、結婚式の場から逃げだしていた。後に彼女はヘイワースの祖母であることがわかる。

表紙を飾ったヘイワース目当ての客でジーンの店は繁盛するが、彼女が稽古に遅れるなどトラブルが増え、ジーンと口論になる。その頃ヘイワースはクルーガーの友人でブロードウェイの劇場主リー・ボウマンから出演契約の誘いを受ける。行き違いからジーンと言い合いになったヘイワースは、店をやめブロードウェイの舞台に立つ。ボウマンから結婚を申し込まれ悩んだヘイワースだが、ジーンが店をたたみシルヴァースと共に軍の慰問に去ったことを知り、承諾する。

結婚式の当日、慰問から戻ったシルヴァースからジーンが見つけた幸運の真珠を届けられたヘイワースは、クルーガーやアーデンの励ましもあり、ボウマンに結婚できないことを告げると、ジーンの元に帰る。

主なスタッフは、監督チャールズ・ヴィダー、振付けシーモア・フェリックス。「デュバリイは貴婦人」でジーンが採用に反対した人物である。作曲はジェローム・カーン、作詞はアイラ・ガーシュインだった。

ジーンは助手としてスタンリー・ドーネンを連れコロンビアにやって来た。

一九二四年にサウス・カロライナで生まれたドーネンは十代でブロードウェイを目指し、コーラス・ボーイとして出演した「パル・ジョーイ」でジーンと知り合った。ジーンの後を追うようにハリウッドに移ったドーネンは、ケリー家に入り浸りながらジーンの仕事を手伝い、振付けや撮影の知識を身につけていった。次第に実力を認められたドーネンは、後に「踊る大紐育」（'49）や「雨に唄えば」（'52）でジーンと共同監督を務める一方、「恋愛準決勝戦」（'51）からは単独で多くの作品の監督を務めて活躍した。ただし、「カバーガール」撮影時は未だ十九歳で、あくまで振付けのアシスタントとしての立場であった。

「カバーガール」でのジーンの仕事はヘイワースの相手役を務めるだけではなかった。彼はドーネンと共に撮影済みのフィルムを見せられ、意見を聞かれた。ジーンが気に入らなかったのは、映画の冒頭、経営するクラブで上演されるナンバー〝ザ・ショー・マスト・ゴー・オン〟だった。クラブの様子と踊り子たちを紹介する目的で撮影されたシーンだが、ダンスの出来が芳しくなかった。しかし、ハリー・コーンはその部分を削ったり、撮りなおすことに難色を示していた。仕方なくジーンとドーネンは舞台の袖でジーンが不満そうに首を横に振るショットを挿入した。この手直しのおかげで、ダンスのまずさが初めからそういう意図で撮影されたかのように感じられ、自然なシーンになった。

シュワルツは歌についてもジーンの意見を聞いた。ジーンは何曲かが長すぎると感じた。舞台のミュージカルなら三番まで歌うのも良いが、映画でそれをやると冗長になると彼は考えた。作曲のジェローム・カーンは気が進まないながらも曲を縮め、結局その方が良いことに気づいた。こういった面でもジーンの感覚は鋭敏であった。

しかし、何と言ってもジーンがこの映画に貢献したのは、自ら振付けた〝明日のために〟と〝分身〟の二つのナンバーだった。

〝明日のために〟はジーン、ヘイワース、シルヴァースの三人が食堂で牡蛎を開きながら亭主とたわいもないやり取りを繰り広げた後、「明日は良いことがあるからくじけず頑張ろう」と明るく歌い出し、夜の街へ繰り出していくナンバーである。気の合った仲間たちの会話から気持ちが高揚し、高まった気分にまかせて店の外に繰り出し、街路で出くわす物や人を利用してダンスを発展させていくという構成は、後に「踊る大紐育」などに継承、発展されていく。ジーンだけでなく主人公三人が一緒に踊ることで、その場の明るさをそのままダンスに引き継ぎながら賑やかにストーリーを進展させ、観客を引きつけかつ三人の親密さや将来への希望を端的に表現することが可能になっている。

加えてここで注意すべきは、三人が突然歌い出すのでなく、亭主が店のピアニストに曲を弾かせ、その演奏に乗せて歌い始めるという点である。この後の〝分身〟のナンバーと同様、歌や踊りが始まるには何らかのイントロダクションが必要だというジーンの考えが反映されている。ナンバーの最後、警官が現れ踊りをやめるという設定は「雨に唄えば」でも利用されている。

〝分身〟はその着想からも撮影技法からも、当時のミュージカル映画の水準を遥かにしのぐ画期的なナンバーだった。

雑誌のパーティーに出席するためショーを休みたいというヘイワースにジーンは反論し関係は悪化する。社長のクルーガーからは、ヘイワースには贅沢な暮らしが似合っており、それを望むかどうかは本人に任せるべきだと釘をさされる。シルヴァースと共に金曜の夜食堂でヘイワースを待つが彼女は現れない。怒りと傷心で一人店を出たジーンは、暗く人気もない裏通りを往く。心の中の葛藤がモノローグとして流れている。廃業した店のショーウインドウに突然ジーンの分身が映る。分身は言う。「自分のことしか考えないのか。彼女を自由にしてやれ」。立ち去ろうとするジーンを分身は呼び止め、ショーウインドウから通りに降りてくる。二人のダンスが始まる。初めは分身に操られるようにその動きをまねるジーンだが、次第に同じ動きで対抗し、時に独自のダンスも見せる。競い合い追いかけ合ううちにジーンが分身を追い詰める。ウインドウに逃げ込む分身にジーンはゴミの缶を投げつけ、ガラスは割れて分身は消える。我に返ったジーンは背中を見せ寂しく去って行く。

当時流行の精神分析をモチーフにしたこのナンバーは、上位自我である分身と自分自身、すなわち「エゴ」とのダンスを通して、ジーンの心の葛藤を描いていた。アイデアや撮影技法、テーマの深みにおいて、またダイナミックなダンスの素晴らしさにおいて、それまでのミュージカル映画で類を見ない、まさに「映画でしかできない」ナンバーだった。

この頃ブロードウェイでは「オクラホマ！」や「オン・ザ・タウン」によってミュージカルにおけるダンスが持つ意味に変革が起こっていた。ダンスが主人公の心理を掘り下げ、物語と密接に結びつきながらストーリーを進展させていく力を持つようになった。これと同時期に映画の世界で同様の意味を持ったナンバーを作り得たのは、四十年代ブロードウェイの先端の空気を吸ったジーンの力があったからこそと言える。

撮影においても様々な工夫が必要だった。監督のヴィダーは伝えられたアイデアに「そんなことは不可能だ」と言って関わらなかった。ジーンは一旦自身のダンスを撮影した後、すべての背景を黒い幕で覆って分身のダンスを撮影し直し、後に二つの映像を重ね合わせた。撮影ではダンスの位置がずれないようチョークで印を付け、テンポがずれぬようドーネンがタイミングを計った。画面の色調も主人公の心情を表現するよう調整された。カメラワークも含めドーネンがたんなる助手から、共同作業者に成長した仕事でもあった。

「カバーガール」の内容自体は通俗的なハッピーエンドのミュージカルコメディーであり、ご都合主義の部分も見受けられる。しかし登場人物それぞれの考えが明瞭で、ジーンとヘイワースの微妙な心の行き違いが上手く描かれ、物語としてきちんと作られている。カラー撮影も美しく、ミュージカルの楽しさが倍加された。映画自体、後の一連のＭＧＭ作品の中に入れてもおかしくないできに仕上がった。撮影中ジーンと監督のヴィダーが大げんかをし、ハリー・コーンが止めに入るようなこともあったが、映画は無事に完成した。

一九四四年四月に公開されると、「カバーガール」はこの年の大ヒット作となった。リタ・ヘイワースは大スターとしての地位を確実なものにし、ジーンの人気も上がった。喜んだハリー・コーンはかねて映画化権を手に入れていたジーンの出世作「パル・ジョーイ」を、リタ・ヘイワースとの共演第二作として企画した。しかし、ジーンの実力をまざまざと見せつけられたルイ・B・メイヤーは、ライバル会社を儲けさせるようなことは二度としなかった。度重なるコーンからの要請を法外な出演料を要求して拒絶したため、映画化は実現しなかった。最終的にコロンビアがフランク・シナトラ主演で映画化したのは一九五七年になってからだった（邦題「夜の豹」）。出演を望んだ「パル・ジョーイ」がMGMの横やりで実現しなかったことは、ジーンのメイヤーに対する遺恨をさらに深めることになった。

ジーンの次回作はユニバーサルに貸し出されての「クリスマス・ホリデー」だった。「カバーガール」の公開以前にメイヤーが出演を了承していたことなので、「パル・ジョーイ」をめぐる経緯とは矛盾しないが、貸し出しを依頼された理由を簡単に書いておく。

MGMはパール・バック原作「ドラゴン・シード」の映画化を、キャサリン・ヘプバーン主演で企画した。ジーンには中国人役が与えられたが、メイキャップをほどこしスクリーンテストに臨んだところ、その場に居合わせた皆が笑い出すほどの散々な結果だった。さすがのMGMにも中国人役をこなせる俳優はおらず、しかたなくユニバーサルのターハン・ベイに出演を依頼せざるをえなかった。ユニバーサルはその代償にジーンの貸与を要求し、「クリスマス・ホリデー」でディアナ・ダービンの相手役を務めることになった。

ユニバーサルのトップスター、ディアナ・ダービンはその美しい歌声を披露する一連のミュージカルで人気を博していた。しかし「クリスマス・ホリデー」は彼女には珍しいフィルム・ノワールで、ジーンは殺人を犯す夫の役だった。映画はヒットしたものの内容は暗く、ジーンが満足するような作品にはならなかった。

次にジーンがMGMで撮影に臨んだのは、アーサー・フリード製作の「ジーグフェルド・フォリーズ」('45)だった。ブロードウェイで長年にわたり華やかなレヴュー「ジーグフェルド・フォリーズ」を上演し、一世を風靡した大プロデューサー、フローレンツ・ジーグフェルドを顕彰し、MGMは「巨星ジーグフェルド」('36)以降、彼に関わる映画を作ってきた。

MGM創立二十周年を記念し一九四四年に撮影が始まった映画版「ジーグフェルド・フォリーズ」もその一つだった。舞台と同じように歌やダンス、コントを含むレヴューが様々なスターと美女たちによって繰り広げられた。ジーンはそのプログラムの一つとして、長年敬愛するフレッド・アステアと共に「凡人と俗人」というナンバーを踊っている。現役時代の二人が一緒に踊ったのはこのナンバーのみである。

続いてのミュージカルはＭＧＭの「錨を上げて」（'45）だった。製作ジョー・パスターナク、監督ジョージ・シドニー。主演はジーンとフランク・シナトラ、キャスリン・グレイスンの三人。ジーンとシナトラは計三作品で共演するが、これがその最初の作品である。後の「踊る大紐育」と同様、上陸休暇をもらった水兵が女性を求めて繰り広げるコメディー。シナトラは内気でうぶな水兵だが、ジーンは相変わらず押しが強く女性にも積極的な役を演じている。

四日間の休暇をもらったジーンはハリウッドに向かうが、行く当てもないシナトラは嫌がるジーンについてくる。海軍に入りたいと家出をしてきた幼い少年を自宅に送る羽目になった二人は、少年を育てる叔母のグレイスンに会う。彼女はソプラノ歌手だが、映画のエキストラをしながら暮らし、いつか高名なピアニスト、ホセ・イトゥルビ（本人が出演）のオーディションを受けたいと願っている。

グレイスンをシナトラの彼女にしようと考えたジーンは、シナトラがイトゥルビと知り合いで、オーディションの仲介もできると嘘をつく。偽りのオーディションの日程までグレイスンに伝えてしまったジーンは、当日までにイトゥルビに会って何とかしようと画策するが、会うことができない。そうこうしている間に、シナトラは同郷のウエイトレスと愛し合うようになる。逆にジーンはグレイスンを愛してしまうが、終盤グレイスンもジーンを好きだったことがわかる。偶然イトゥルビのオーディションも受けることができ、幸せな二組のカップルが出来上がるというストーリー。


見所はやはりジーンの振付けたナンバー。

まずは、ベッドの並んだ宿泊所で仲間に自慢話を聞かせながらジーンとシナトラが踊る「アイ・ベッグド・ハー」。ダンスは素人のシナトラに八週間の特訓を施し、ジーンと並んでも恥ずかしくないように踊らせている。ダンス教師としての経験がここでも生かされた。ベッドのスプリングを利用して二人が跳ねながら手前に移動して来る動きが楽しい。

圧巻はグレイスンをスペインの姫君、自分を彼女に恋する盗賊に見立て、夢想の中で踊られるフラメンコ風タップ。アイデアとしては三年後の「踊る海賊」と共通している。アンヘル・カンシーノから習ったスペイン舞踊をタップと組み合わせバレエ風にまとめた、まさに「見たことがない組み合わせ」のナンバーである。タンゴのリズムが持ち前の表現力とダイナミズムをさらに盛り上げ、ジーンの面目躍如といった感がある。

中庭からジーン扮する盗賊がバルコニーのグレイスンを見上げる。その場でマントを翻し踊ると、斜めに生えた木を伝って向かいの建物に駆け上がり、高い塀の上を跳び、吊り下げられたカーテンにつかまり屋根から屋根に飛び移る。屋根を滑り降り、ポールを伝ってバルコニーに降りると、グレイスンとキスするところでナンバーは終わる。スタントマンなしの離れ業が観る者を魅了する。

子供たちに語るおとぎ話の中で繰り広げられるのが、アニメのジェリーマウスと踊る〝ザ・ウォリー・ソング〟。歌やダンスに自信がないため、国民に歌うことも踊ることも禁じてしまう心配性の王様がネズミのジェリー。ジーンはジェリーを励ましながら一緒に歌い踊り、王様に自信を取り戻させる。

アニメの主人公と踊るアイデアはそもそもスタンリー・ドーネンの発案で、相手役には当初ミッキーマウスを考えていた。ディズニーに頼みに行った二人だが、「ミッキーは私のためにしか働かない」と断られてしまい、結局MGMのアニメ部門を活用することになった。ジーンのダンスを撮影するに当たっては、あらかじめジェリーの映る予定の部分に余白を残し、見えないジェリーの動きに合わせてカメラをパンさせるなどの必要があった。その後一コマ一コマ、ジーンの姿をトレースし、それを基準にジェリーを描き、最終的に両者の映像を合成したという。動きの同期はもちろん、ジェリーがジーンの脚や腕に乗る位置に寸分の狂いもない緻密さで、ミュージカルにとってもアニメーションにとっても新しい可能性を開く仕事になった。これも映画でしかできないナンバーだった。

もう一つ、メキシコ人街のにぎやかな市場を舞台にしたメキシカン・ハットダンスで、ジーンはかわいらしい少女、シャロン・マクマナスを相手に踊っている。ジーンにはピッツバーグ時代の経験から得た子供と共演する場合の秘訣があった。彼のことを子供が好きになるようにすることだった。シャロンを指導したスタンリー・ドーネンはすっかり嫌われてしまったようだが、ジーンは次のように語っている。

「子供と上手くやるためには、子供の笑わせ方を身に着けていなくちゃだめだ。その上に、笑わせ続けるエネルギーが必要だ。子供は何でも満足するまで三度も四度もやってほしがるからね。疲れるよ。逆に何か面白いことをやってるときは、それを何度も何度も繰り返すんだ。これも大変だよ。僕はいつでも子供たちを喜ばせたいと思ってきた。子供が笑うと嬉しいからね。……」(18)

後年「巴里のアメリカ人」の中のナンバー〝アイ・ガット・リズム〟でもこのテクニックを利用し、子供たちの生き生きした姿を捉えている。

一九四五年七月に封切られた「錨を上げて」は、同年公開の映画の中で四番目の興行収入を上げる大ヒット作となった。新聞でも絶賛され、映画はアカデミー作品賞、ジーンは主演男優賞にそれぞれノミネートされた。

しかし、現代の目から見ると二時間十九分の上映時間は余りに長く、冗長な感がいなめない。大物音楽家を本人が演じ、その承認を求めて主人公たちが駆けずり回るという設定は、パスターナクのユニバーサル時代のヒット作「オーケストラの少女」と似ている。しかし、「オーケストラの少女」では主演のディアナ・ダービンの活躍にストーリーが収斂されているのに対し、主役が三人の「錨を上げて」では、それぞれのエピソードに話が分散し、スピード感に欠ける結果となった。イトゥルビの演奏場面など本筋と関係のないシーンもストーリーの流れを妨げている。だがそれにも拘わらず、ジーンの振付けた場面には後の作品群に共通する斬新さや工夫が認められ、彼にとって意味のある仕事となった。

一九四四年十一月、「錨を上げて」の編集をドーネンに任せたジーンは、念願がかない海軍に入隊することができた。米国の参戦以来、ジーンは入隊を望んでいた。しかし、クラーク・ゲーブルやジェームズ・スチュワートら有力男性スターが自ら進んで従軍していたMGMは、新人ジーンに働き続けてもらいたいと考えていた。軍としても三十歳を過ぎたジーンに対する徴兵の優先順位は低かった。

入隊がかなわないままジーンは撮影所生活を続けざるをえなかった。忸怩たる思いを抱えていた彼にとって、遅ればせとはいえ入隊できたことは嬉しかった。しかし十三週間の戦闘訓練が終わってみると、配属されたのは写真・映画部門だった。戦闘に貢献するつもりだったジーンは当初このことに怒りを感じるが、時間と共に映画部門の重要性を理解していく。職務は、ドキュメンタリーからプロパガンダ映画まで様々なフィルムの監督、撮影、編集。映画全般の製作過程を経験することが出来、貴重な経験となった。除隊は終戦翌年の一九四六年五月だった。

一年半の軍隊生活を終えジーンはハリウッドに戻った。MGMとの契約は継続しており給料も支払われていた。しかし一年半の空白期間に映画界を包む空気は変わっていた。世間の嗜好は変化し、不在だった多くの男性スターもスクリーンに復帰していた。ジーンは埋もれた存在になっていた。「カバーガール」や「錨を上げて」で築き上げた名声はどこかへ消えてしまったかのようだった。MGMも彼にふさわしい企画を提供することができず、ジーンにとって無聊な日々が続いた。

数ヶ月後ようやく「リヴィング・イン・ア・ビッグ・ウェイ（でっかく生きる）」（'47）の企画が持ち込まれた。ジーンは相変わらずの兵隊役。知り合ったばかりの女性と出征直前に結婚するが、復員してみると彼女は結婚をひどく後悔し、離婚を願っていることがわかる。それでもジーンは彼女やその家族と交流を続け、最後に愛を取り戻すというストーリー。相手役のマリー・マクドナルドを第二のラナ・ターナーとして売り出すことが目的の映画で、ジーンは出演に乗り気ではなかった。MGMから説得され仕方なく出演したが、結果的にマクドナルドは「歌えない、踊れない、演技ダメの三重苦[19]」。作品自体も、歌やダンスの場面はあるものの、正統的なミュージカルとも言えない中途半端な白黒映画だった。

ジーンは自ら振付けを行っているが、その中には印象に残るシーンもあった。映画の終盤、子供たちと楽しくふざけ合った後、建築中のアパートの柱と梁だけの骨組みの上下で長い梯子や樽のタガを利用しながら踊るシーンは、スタントとしての派手さもあって面白い出来だった。

「リヴィング・イン・ア・ビッグ・ウェイ」の撮影後、アーサー・フリードから本格的なミュージカルの話が舞い込む。ブロードウェイの舞台劇を基にコール・ポーターが曲を付けミュージカル化された「踊る海賊」――監督ヴィンセント・ミネリ、共演ジュディ・ガーランド――だった。

舞台は一八三〇年代、カリブ海の島。上流階級の娘ガーランドは育ててもらった叔母から遙か年上の市長との婚約を半ば強引にお膳立てされる。気の進まない彼女は心の中で伝説の海賊マココに憧れを抱く。彼女を見そめた旅回りの芸人ジーンはガーランドに言い寄るが、相手にされない。市長がマココだと気付いたジーンはそのことで市長を脅すとともに、自分がマココだと偽り、ガーランドをすぐに引き渡さないと町を焼き払うと町民を脅す。マココではないと気づいた彼女とジーンの喧嘩の後、市長はジーンがマココだというのを逆手に取り、彼をとらえて処刑しようとする。最後は、マココだったことが露見した市長が逮捕され、ジーンとガーランドが結ばれるというお話。

物語が終始同じような場面設定の中で展開するためメリハリに乏しく、ストーリーもすんなり頭に入りにくい。十九世紀初頭のカリブ海という設定も観客が感情移入するにはハードルが高く、演技も大げさで騒がしすぎた。ジーンはアクロバティックな動きではダグラス・フェアバンクスの、伊達男ぶりではジョン・バリモアのパロディーを狙ったが、観客にはピンとこなかった。加えてジュディ・ガーランドは精神的に不安定で、撮影を欠席したり早退することが続いた。一九四七年二月に始まった撮影はなかなか進まず、八月に一旦終了したものの、撮り直しや修正を十月から十二月まで行わざるをえなかった。製作コストは膨れ上がり、四十八年六月に公開された「踊る海賊」は最終的に二百万ドル以上の赤字を計上。興行的な失敗作となった。

しかしジーンとロバート・オルトンが振付けたプロダクション・ナンバーには印象に残るものがあった。

港町でジーンが行き交う娘に次々と声をかけて誘う〝ニーニャ〟。七本の細いポールに支えられた円蓋の下、六角形の台の上でディー・ターネルをはじめとするＭＧＭ手練れの女性ダンサーたちと繰り広げるダンスは、狭い空間とポールを上手く使った振付けだった。官能的でありながらメリハリの利いたスピード感とスピンの切れがあり、ジーンのキャラクターが上手く生かされていた。

ガーランドの夢想の中でジーンが踊る〝海賊ダンス〟。戦乱を象徴する赤と黒の背景が胸を騒がせ、海賊に扮したジーンが画面を縦横無尽に踊りまわる。剣や槍を携えての躍動感溢れるダンス。マストの上から投げ落とされた松明が爆発的に燃え上がり、曲のリズムと同期して見る者の情動を駆り立てる。低いアングルに据えられたカメラの視点は、舞台を見ているような感覚を覚える。一方で、マストに登るジーンを下から、マストの上のジーンを上から撮すアングルの変化が立体感を強調し、映画ならではのダイナミックな感覚を作り出していた。

ローアングルのショットを撮りたかったジーンだが、フルサイズのテクニカラー用カメラではレンズを床すれすれに置くことは困難だった。そのため彼はMGMの撮影部と相談し、新しい装置を考案した。底面を鉄の格子で補強された舌状の物がカメラから突き出ており、その上に鏡が備えられた装置だった。床から数センチしか離れていないため、カメラは鏡を使って低いアングルから撮影でき、鏡は好きな角度に調節することができた。

撮影の途中でジーンやミネリ、フリードらは、映画のテンポが落ちる部分に観客の楽しめるナンバーを入れる必要があると考えた。曲作りをポーターに依頼するのは本来、音楽監督のロジャー・イーデンスのはずだったが、イーデンスは〝ニーニャ〟のアレンジを巡ってポーターと対立していた。ジーンは自らポーターに依頼することを決め、ポーター宅に車で出かけた。事情を聞いたポーターが翌日ジーンに渡したのが〝ビー・ア・クラウン〟だった。

ジーンはこう語っている。

「(曲を) 弾き終わると彼は僕の方を振り返り、希望通りだったかと聞いた。希望通りどころじゃない！　想像をはるかに上回るものだった。素晴らしかった。詞がどんどん良くなっていくんだ。スタジオに急いで帰ると、ヴィンセントとアーサーに曲を聞かせた。二人ともとっても気に入って、初めに考えていたところだけじゃなく、映画の終わりにも使ったんだ[20]」

軽快で誰の耳にも残る〝ビー・ア・クラウン〟をジーン自身が振付け、素晴らしい実力を持つ黒人ダンサー、ニコラス・ブラザーズと一緒に踊った。シャーリー・テンプルとビル・ロビンソンの組み合わせは別として、大人同士の黒人と白人が一緒に踊ったのは映画では初めてのことだったが、これはジーンの強い希望によるものだった。

「踊る海賊」の撮影が一段落した一九四七年九月、次の企画「イースター・パレード」のリハーサルが始まった。主演は前作に続いて、ジーンとジュディ・ガーランド。アーヴィン・バーリンのヒット曲を使い、フランセス・グッドリッチ、アルバート・ハケット夫妻が脚本を書いた作品だった。リハーサルの途中で脚本の書き直しが必要になっていたところ、十月にアクシデントが起こる。ジーンが右の足首を骨折したのだ。自宅で行われたバレーボールの試合で休憩中、代わりに試合をしていた別チームの言動に腹を立て、ドアの敷居を思い切り踏みつけたことが原因だった。二、三ヶ月間は出演が不可能になった。見舞いに来たメイヤーには、難しいステップを稽古していてケガをしたと言ってごまかした。代役が必要になったフリードは、引退していたフレッド・アステアに連絡をとり、ジーンの代わりに出演してもらえないかと頼んだ。アステアは一度ジーンと話してから決めたいと答えた。

「……そしたらフレッドから僕に電話があって、引き受けるべきなのかどうかわからないって言ってきたんだ。彼は引退して二、三年経っていたし、すでにアレンジが出来上がった曲で踊っても自分に合わないいんじゃないかって心配してたね。曲のアレンジは簡単にやり直してもらえるから心配ないって言ったんだ。それでもまだちょっと気が進まないみたいだったけど、最終的にOKしてくれたよ」[21]

チャールズ・ウォルターズが監督した「イースター・パレード」はフレッド・アス

テアを代役に無事完成した。四十八年七月に公開された映画は大ヒットし、MGMミュージカルを代表する作品の一つとなった。

この後ジーンは「踊る大紐育」（'49）、「巴里のアメリカ人」（'51）を経て「雨に唄えば」（'52）まで、そのキャリアの絶頂期を迎えることになる。しかし、この期間にスタジオの外では映画産業を揺るがす大変動が起こっていた。変動は観客の動向や会社組織に影響を及ぼし、ひいては映画製作の自由度を狭め、結果としてジーン・ケリーのミュージカル・スターとして、監督・振付家としての活躍期間を縮めていった。その影響の大きさから考え、この辺でその変動について触れてみたい。

第四章　大変動

一九三〇年代を通してＭＧＭは他社を圧倒する業績を誇っていたが、その結果ＭＧＭには、製作費をさほど気にせず良い映画を作ることを是とする雰囲気が出来上がった。最高の設備と人材を確保するため、会社の固定費は増え製作コストは上昇した。三十年代半ば、セルズニックはＭＧＭを離れるにあたり、ニューヨークのニコラス・スケンクに警鐘を鳴らした。ＭＧＭが競争相手に較べ映画一本につき平均二十万ドルを余分に使っているというのである。その間、パラマウント、フォックス、ワーナーなどの映画会社は収益悪化を立て直し、より効率的な製作システムを作り上げていった。

戦争は映画産業に大好況をもたらした。調査機関によって違いはあるが、一九四〇年に全米で一週間当たり約八千万人だった映画の観客が、一九四六年には一億人近くにまで増えたとの報告もある。観客が増えた理由はいろいろと考えられる。不安な世相からの逃避。人手不足で失業者が消え、働く女性が増えたことによる収入の増加。

戦時体制の下、物資不足などで他の娯楽産業に規制がかかり、映画に人が集まったこと、などが挙げられる。さらに、多くの労働者が働く軍需工場のある中規模以上の都市には、メジャースタジオが保有する儲けの大きな一番館が多かった。このため保有する映画館が多いスタジオほど収益は飛躍的に増加した。

戦時中もＭＧＭは年間総収入では首位を走っていた。支出を差し引いた実際の収益で見ると、四十一年の一一〇〇万ドルから四十六年の一八〇〇万ドルと約六十％の増加である。これだけを見ると悪くないようだが、同じ期間に競争相手の収益は、ほぼ四～五倍に増加していた。パラマウントの総収益は四十一年の九二〇〇万ドルから四十六年の三九二〇万ドルに、フォックスは四九〇万ドルから二二六〇万ドルに、ワーナーは五四〇万ドルから一九四〇万ドルになっていた。四十一年から四十六年までのメジャースタジオ八社の収益は総計約四億ドルであったのに対し、ＭＧＭが全体に占める割合は約二十％にとどまっていた。しかし、このような状況にもかかわらず、メイヤーは自社の経営より持ち馬の活躍に熱を上げていた。

第二次大戦は一九四五年八月に終わるが、翌四十六年にかけても映画産業の好況は続いた。戦後数百万の兵士が復員すると、仕事に就いていた女性は職場を離れることになった。若い彼らはすぐに恋愛関係となり、映画館へ足を運ぶことが増えた。このため四十六年に映画産業は史上空前の業績を上げることになった。しかし、すぐにカップルは結婚して郊外に移り住み、ベビーブームが始まる。映画に使う時間も急激に減った。本来収益性が高いはずの都市の一番館の入場者数は大きく減少した。さらに戦時下での様々な制限が解除され、他の娯楽が再び競争相手となった。四十七年になるとメジャー各社の業績は急激に悪化していった。MGMの収益は一〇五〇万ドルに落ち、戦中・戦後では最低となった。その額はパラマウント、ワーナー、フォックスの遙か後塵を拝していた。

そして最大の競争相手、テレビが登場してくる。テレビの実験放送は早期から行われており、一九三九年四月にはニューヨーク世界博覧会の開会式が、十二月には映画「風と共に去りぬ」のアトランタでのプレミア・ショーが中継されている。しかし、商業的なテレビ放送をめぐっては一九三〇年代から、映画会社と既存のラジオ局の間で主導権争いが続いていた。

これに対し、独占禁止法により映画産業の力を制限しようとする政府の意向が働く。電波を管轄する独立政府機関「連邦通信委員会」（FCC）は一九四五年、放送に使用する電波の帯域に関しラジオ局側に有利な決定を行い、商業的なテレビ放送は既存のラジオ局を主体に運営されることが決定的となった。それでもテレビの普及は遅々として進まず、一九四七年初めの時点でテレビ受像機の数は全米で二十万台にも達していなかった。しかし一九四七年三月、ＦＣＣがカラー放送の規格を従来の白黒放送と互換性のあるＲＣＡ方式に決定すると、現状の方式のまま当面は白黒で放送されることが明らかになり、関連する企業も市民も一斉にテレビに向かい走り出した。テレビの普及は爆発的に進み、一九四八年から五十二年の間に受像機の数は一二〇〇万台から一五〇〇万台に急増した。家庭に居ながらにして無料で映像を楽しめるテレビの普及は、そのまま映画産業の凋落を意味していた。一九五〇年に週当たりの観客数は約六千万人にまで減少したと言われている。

加えて独占禁止法違反として司法省がメジャースタジオを訴えたいわゆる「パラマウント訴訟」に対し、一九四八年五月、十年ぶりに最終的な判決が下った。最高裁判所はメジャースタジオの興行部門（所有する映画館）を製作、配給部門から分離し、別会社にすることを命じたのだ。重要な収入源である興行部門を失うことは、映画会社の経営にとって大きな打撃であった。判決を受け入れる時期はスタジオ毎に異なるが、ＭＧＭも興行部門の分離を行わざるを得なくなる。

この間、ＭＧＭの高コスト低収益問題を憂慮したニコラス・スケンクは、メイヤーの委員会方式に代え、再びアーヴィン・サルバーグ時代のように一人の人物に製作の一括管理を任せるべきではないかと考えていた。スケンクはすぐにメイヤーを代えるつもりはなかったものの、次のサルバーグを探すようメイヤーに伝えた。しかし、作品の目利きと経営能力を兼ね備えた人物はそう簡単に見つかるものではなかった。さらに、候補になるような人物はメイヤーらと衝突し、すでにＭＧＭを離れていた。

ここでスケンクが目を付けたのがドーア・シャーリーだった。

ドーア・シャーリーは一九〇五年ニュージャージー州ニューアークの生まれ。脚本家として一九三三年にＭＧＭと契約すると、Ｂ級映画製作にも関わった後、同社をはじめいくつかのスタジオへの出入りを繰り返した。エディ・マニックスの誘いで再びＭＧＭと契約したシャーリーは、一九四一年にＢ級映画部門の統括責任者となり、Ｂ級映画製作の改革に乗り出した。企画・製作を責任者の下で一括管理すると共に、予算の増額や一線級のスターを出演させるなどの方法でＢ級映画の格上げを図ったのだ。「マーガレットの旅」（'42）、「家路」（'43）などのヒットで一時はメイヤーも認める存在となったがその後はヒット作に恵まれず、作風の違いからメイヤーとの軋轢が強まっていった。

一九四三年、シンクレア・ルイスとの共同脚本「西部の嵐」の映画化をメイヤーから却下されると、抗議の意味でＭＧＭを退社。セルズニックが新しく立ち上げたプロダクション、ヴァンガードに入ったシャーリーは、セルズニックがＲＫＯに売却した企画の映画化のためＲＫＯに出向き、同社と契約。プロデューサーとして活躍した後、一九四七年には製作本部長に抜擢される。

ハリウッドが赤狩りの標的とされたこの時期、リベラルな政治信条のシャーリーは、同年、下院非米活動委員会に喚問された監督のエドワード・ドミトリクとプロデューサーのエイドリアン・スコットを擁護する発言を行った。しかし、他方で、映画会社での共産主義者の雇用を非難したいわゆるウォルドルフ＝アストリア宣言に経営者側の立場から参加するなど、矛盾した言動をとらざるをえず、苦しい立場に置かれることになる。

一九四八年、極端な反共主義者のハワード・ヒューズがＲＫＯを買収して支配権を握り、独占禁止法に基づく最高裁からの興行部門分離命令にも他社に先駆けて同意する。シャーリーはヒューズと衝突し、同年七月、誘いのあったＭＧＭへ移籍。ニコラス・スケンクから製作担当副社長に任命されることになる。

形式上は「メイヤー氏の指示の下で映画製作を行う」と語ったシャーリーだが、彼の任務は委員会方式の廃止と自身の下での製作一元化、それに経費削減だった。シャーリーはすべての製作予定作品を洗い出し、九月から製作を開始する企画と、延期するものにふるい分けた。さらに、経費削減を目的に犯罪スリラーとロマンティック・コメディーのジャンルを推し進めていった。

一方メイヤーにとって、事態は我慢のならないものだった。シャーリー個人に対しても、前回の退職時の経緯からわだかまりが続いていた。さらに、アメリカのモラルを体現した、家族皆が見られる映画を作ることを信条とするメイヤーにとって、フィルムノワールや戦場の過酷さを描いた映画を次々と企画するシャーリーの方針を見過ごすことは出来なかった。シャーリーの企画に横やりを入れるメイヤーだったが、スケンクの後ろ盾を得たシャーリーは製作費削減を推し進めると同時に、「アダム氏とマダム」('49)、「戦場」('49)、「アスファルト・ジャングル」('50)とヒット作を連発。一時は「MGMの救世主」とまで讃えられた。実権を失ったメイヤーは、二階に上がって梯子を外された格好になった。しかし、MGMにはシャーリーにも手の出せないジャンルがあった。ミュージカルである。

戦後の十年間にミュージカル映画が全ハリウッド映画に占める割合は四%にすぎなかった。しかしMGMに限れば全作品の二十五%以上がミュージカルであった。一九四六年から五十五年の間に、ハリウッドで作られたミュージカルの半分以上をMGMが製作していた。[22] このような状況の中、MGMを代表するミュージカル・プロデューサー、アーサー・フリードとメイヤーは以前からの強い絆を維持していた。もはやメイヤーにとってＭＧＭで力を発揮する手段はミュージカルしか残されていなかった。

ジーンは自身の絶頂期をこのような時代背景の下で迎えることになる。

第五章　助走

足のケガから回復したジーンが出演したのが、ラナ・ターナー、ジューン・アリソンらと共演した「三銃士」（'48）だった。ジーンは主役のダルタニアンを演じたが、フェンシングをベルギー人のチャンピオンから毎日二時間ずつ特訓を受け、ほとんどのスタントも自らこなした。その勇姿は後年「雨に唄えば」に挿入された剣劇シーンでも垣間見える。ミュージカルではないものの、彼の優れたアクションスターとしての一面を知ることができる貴重な作品である。

撮影時ジーンが目標にしたのは、子供時代に憧れた活劇映画の大スター、ダグラス・フェアバンクスだった。スクリーンに映った自身とフェアバンクスの違いを、ジーンは次のように語っている。

「フェアバンクスがうらやましいのは、何か目もくらむような早業を特に気取った風もなくやり終えて、それだけで十分だってことなんだ。彼には特有の素晴らしさを納得させる表現力が何かしらあるんだ。そこが魅力的なんだよ。僕もダルタニアンに同じような何気なさを加えようとしたけど、フェアバンクスみたいに無邪気にはなれなかった。僕の場合はもっと挑発的になっちゃうんだ。〝さあかかって来い〟みたいな。ちょうどモハメド・アリが対戦相手とやりあうようなもんだ。全然違うんだよ。フェアバンクスにはナイーブさと傲慢さが両方あって、それが映画の中でぶつからないんだ。彼の早業のレパートリーはどれも再現できたけど、あの〝活気〟だけは彼にしかないし、それがあるからスターになれたんだね[23]」

自身を客観視しながら、観客が感じ取るぼんやりとした違和感を明瞭に言葉にできる知性はジーン・ケリーの才能の一つである。

アーサー・フリードはブロードウェイで活躍した作詞・作曲のコンビ、ローレンツ・ハートとリチャード・ロジャースの人生を題材にしたミュージカル「ワーズ・アンド・ミュージック」（'48）の製作を進め、四十八年四月に撮影が始まった。ハート役はMGM契約下で最後の映画となるミッキー・ルーニー、ロジャース役はトム・ドレイクが務めた。挿入された歌やダンスのために多くのスターがゲスト出演したが、ジーンもそのうちの一人であった。振付けを担当したのはロバート・オルトン。彼は作品中に登場する二十二のナンバーを、何曲かはブロードウェイ初演時という設定で振付け、その他の曲はドラマの中で歌い踊るよう作り上げた。ジーンが依頼されたのはミュージカル「オン・ユア・トウズ」のクライマックスとして踊られたナンバー、〝十番街の殺人〞だった。

「オン・ユア・トウズ」は元々フレッド・アステア主演の映画用に企画された作品だが、アステアのイメージに合わないという理由で採用されなかった。舞台向けに作り直された同作は、一九三六年、ジョージ・アボット演出によりブロードウェイで上演される。振付けは二十世紀を代表するバレエの振付家、ジョージ・バランシン。バレエ・リュスを経て一九三三年にアメリカに渡ったバランシンは、この頃ミュージカルでも多くの振付けを行っている。「オン・ユア・トウズ」はストーリーの展開にダンスを不可欠な存在とした初めてのミュージカルと言われ、この後アグネス・デ・ミルによる「オクラホマ!」('43)の振付けに道を開くなど、ミュージカル発展の里程標と考えられる作品である。

元タップダンサーで音楽教師の主人公が、ジャズ風バレエ〝十番街の殺人〞をバレリーナ相手に踊ることになる。それに腹を立てたバレリーナの相手役が殺し屋を雇い、踊りの終わりに主人公を殺そうとする。それを知った主人公は踊りを止められず、その間に殺し屋が逮捕されるというストーリー。

〝十番街の殺人〟の振付けは当初オルトンも興味を持っていたが、最終的にジーンが振付けることになった。相手役はヴェラ＝エレン。ブロードウェイを経て一九四四年に映画界入りしたヴェラ＝エレンは、四十七年にゴールドウィンから契約を解除される。ブロードウェイへ復帰するかどうかと悩んでいた彼女に、タイミング良く「ワーズ・アンド・ミュージック」出演の話が舞い込む。ブロードウェイ時代の彼女を知るオルトンが、ジーン・ケリーに採用を働きかけてくれたのだ。彼女はジーンや発声・演技指導のマリー・ブライアントの指示でこれまでのイメージを一新する。少女趣味の服やシャーリー・テンプル似の純情な表情を捨て、セクシーで深い表現力を持つ大人の女性へと変身して撮影に臨んだ。

ジーンは〝十番街の殺人〟をオルトンや音楽監督のロジャー・イーデンスの助けを借りながら、本来のストーリーを離れ独自のダンスに変えていった。元のダンスにあったコミカルな部分は消え、性と暴力に彩られた現代的でドラマチックなストーリーが出来上がった。

遊び人風のジーンが自分の部屋で目を覚まして通りに出ると、刺激を求めてその界隈にやって来たヴェラ＝エレンと意気投合する。路上で踊った二人は地下の酒場へ降りて来る。街頭で彼女に拒絶された男が二人の邪魔をするが、ジーンと喧嘩になり、のされてしまう。騒ぎを聞きつけた警官が現れ一旦は静寂が訪れるが、警官が去ると酒場の皆が浮かれ出し、踊りまくる。意識を取り戻した男は拳銃でジーンを狙い、庇おうとしたヴェラ＝エレンが撃たれる。怒ったジーンは男に立ち向かうが自らも撃たれる。彼女を抱きかかえ階段を上るジーンだが、ドアの手前で彼女にキスをした後、息絶える。

ジーンは舞台という設定を逆手にとった。寝室の壁がスライドして部屋の様子があらわになるなど演劇的な様式化を図った。場面転換も廻り舞台を使い、すべて観客に見えるようにした。通りで踊った二人が地下の酒場に入る場面では、舞台を回転させながら時間軸に沿って移動経路を見せ、観客の目を引きつけた。階段を降りる二人にスポットライトが当たると、フロアの客は脇に引っ込み、見る者の視線はさらに二人に集中する。

踊る二人の動きが最高潮に達したところで曲調が変わる。喧嘩が始まり倒れる男、女の悲鳴、警官の笛の音。静寂。警官が去ると爆発するように音楽が鳴り響き、皆が踊り狂う。動きと音の緩急が緊迫感を生み、観客の目と耳を釘付けにする。撃たれて階段を落ちる女の顔。間近で捉えるローアングルのカメラによって、生々しさが増した。画面奥から投げられた椅子が手前に向かって滑る場面で観る者が思わずハッとする。床すれすれに置かれたカメラの効果である。階段の上部で息絶える二人をカメラは初めて上から捉える。生々しさから解き放たれ、奇妙な安らぎと共にダンスは終わる。

ローアングルのカメラは、ダンサーの肉体や闘う姿を舞台を見る観客の視点で捉え、緊迫感や生々しさを生み出す。スクリーンと観客を隔てる壁が取り払われ、二次元の映像が観客の意識の中で血の通った現実の世界に変換される。カメラマンのハリー・ストラドリングと相談したジーンは、通常のレンズに較べて映像の歪む二十八ミリの広角レンズを使いたいとアーサー・フリードに申し出た。元来ＭＧＭにはメイヤーから撮影部に出された次のような指示があった。

「女性はどんなことがあってもきれいに撮すように」

だがフリードはジーンに許可を出して言った。

「もしややっこしいことになったら、撮りなおせば良いんだ[24]」

階段の下に作られたくぼみにカメラが置かれた。撃たれて頭から滑り落ちたヴェラ＝エレンの顔が低い位置に据えられたレンズで捉えられ、緊迫感と衝撃が観客に強く印象づけられた。

リハーサルに六週間、撮影に三週間を費やした〝十番街の殺人〟はわずか七分半の映像に過ぎないが、平凡な出来の映画にあってミュージカル映画史に残るナンバーとなった。

ジョー・パスターナクは「錨を上げて」に次いで、ジーンとシナトラを主演にしたミュージカルの構想を練っていた。大破した空母を安く払い下げてもらった二人の元水兵が、改造してナイトクラブを開き成功するという内容だった。話を聞いたジーンは時代遅れのバックステージ物だと不満を抱き、自分で新たなストーリーを作り上げることにした。夏は野球選手、冬はヴォードヴィル芸人をやっている二人の男の話を以前聞いたことがあった。この二人を主人公に物語を作ろうと考えたのだ。

全体の四分の三まで書いたところで行き詰まった彼は、滞在中のニューヨークにスタンリー・ドーネンを呼び寄せた。数日後に出来上がったプロットはタイプ用紙七枚にすぎなかったが、ジーンはこれをパスターナクではなくフリードに売った。報酬は本人達も驚く二万五千ドル。出来た映画が「私を野球につれてって」（'49）だった。

配役はジーン、シナトラの他、野球チームの仲間に芸達者なジュールズ・マンシン、シナトラに恋する女性にベティ・ギャレットが決まった。球団の女性オーナーには当初ジュディ・ガーランドが考えられたが、撮影に入れる状態ではないため、「水着の女王」エスター・ウィリアムズになった。

映画で使われた全七曲の内四曲をロジャー・イーデンスが作曲し、ベティ・コムデンとアドルフ・グリーンが詞を作った。イーデンスは他にも一曲を作詞・作曲した。今でもメジャーリーグの球場で歌われるタイトルソングは、作詞ジャック・ノーワース、作曲アルバート・フォン・ティルザーにより一九〇八年に作られたものである。

時は一九〇〇年代。ジーンとシナトラは大リーグの球団ウルヴスの内野手だが、シーズンオフはヴォードヴィルの芸人として活躍している。シーズンが始まりチームに合流した彼らは、球団オーナーが若く美しいエスター・ウィリアムズに代わったことを知りびっくりする。早々と彼女に言い寄るジーンだが、ウィリアムズは内気なシナトラの方を気に入ってしまう。
ウィリアムズの改革で行動を制限され不満を感じる一同だが、チームは連戦連勝で首位を走る。一方で、シナトラはベティ・ギャレットから一方的な求愛を受け気持ちが傾いていく。逆にジーンはウィリアムズと憎からぬ間柄になる。野球賭博でウルヴズの負けに賭けていたエドワード・アーノルドは、チームの力を削ぐため策をめぐらす。ジーンに自分の経営するクラブで芸人として働くよう誘うのだ。好条件につられ、シーズン終盤にもかかわらず同意してしまうジーン。昼は野球、夜はチームに内緒でショーのリハーサルという生活を続けるが、疲労でエラーが増え打撃不振に陥る。ジーンのスランプに連動して、チームも連敗を重ねるようになる。考え直してクラブ出演をやめるジーンだが、怒ったアーノルドはウィリアムズの前でジーンの所業をばらす。一旦チームを離れたジーンだが、最後の試合に出場し大活躍。チームを優勝に導きフィナーレとなる。

監督はバズビー・バークレイ。一九三〇年代に俯瞰やローアングルなど斬新なカメラワークと万華鏡のようなコーラスガールのフォーメーションでミュージカル映画に一時代を築いたバークレイも、新しいミュージカルの流れから取り残され、すでに過去の人となっていた。ジーンの考えるミュージカルの演出法とは大きな溝があった。

ベティ・ギャレットはバークレイが得意の俯瞰撮影をした時のことをよく覚えている。バークレイはクレーンの上で懸命に撮影するカメラマンに大声で叫んだ。

「バック、バック、バック、バックしなくちゃだめだ！」

腕を組んで見ていたジーンは小さいがはっきりした声で言った、

「そうだ、一九三〇年までバックしちまえ(25)」

バークレイには、「ガール・クレイジー」（'43）の現場でイーデンスやジュディ・ガーランドと対立し、フリードから監督を解雇された過去があった。「ティル・ザ・クラウズ・ロール・バイ（雲流るるはてに）」（'46）でも一度採用されたもののすぐに他の監督に代えられていた。それでもフリードはバークレイの立ち直りを期待し、この作品の監督に任命した。しかし、アルコール依存や家庭生活の問題を抱えていたバークレイにとって、仕事に専念するのは難しかった。

一九四八年七月に撮影は始まったが、ドラマの部分の撮影が終わるとバークレイはさっさと帰ってしまい、ミュージカル・シーンをジーンとドーネンが引き継いで撮影するという状況が連日続いた。撮影スケジュールも終盤に入ると、バークレイは仕事を続けることが困難になり、ジーンとドーネンの二人が実質的に監督を務めた。それでもジーンにはバークレイを怒る気にはなれなかった。ミュージカルを撮影する上で必要なテクニックを彼から学んだ恩義を感じていたからだ。プロダクション・ナンバーでダンスを撮影する場合に一番重要なタイミング管理法——カメラマンに特定の拍子を数えることを固く守らせること——を彼から教えてもらったと言う。後に彼は皮肉も交えて次のように語っている。

「カメラを扱う者は誰でもバークレイに恩義がある。彼の映画を笑うことは、チョーサーのカンタベリー物語が古い英語で書かれているからと言って笑うようなもんだ(26)」

「私を野球につれてって」のストーリーは平凡で、おふざけや騒々しさが鼻につく部分もある。ナンバーも時代に先駆けた斬新なものは見当たらなかった。しかし、船着き場を模したパーティー会場で踊る〝聖パトリックの日に懐かしい父さんがかぶった帽子〟は印象に残る出来だった。

「この帽子をかぶって聖パトリックの日にブロードウェイを行進した父さんが一番立派だったと、母さんがよく言っていた」と歌いながら、緑の帽子を斜めに被ったジーンが踊る。彼のルーツであるアイルランド移民のエピソードを綴ったこの曲を、アイリッシュダンスの足さばきを交えた見事なタップで見せた。途中でテンポを落とし哀愁をただよわせながら、最後は快活に踊り回るといった緩急の使い分けが観客を飽きさせなかった。題材をとってもダンスをとっても、ジーンにぴったりのナンバーだった。

十月に撮影を終了した同作は翌四十九年四月に封切られ、製作費一七〇万ドルに対し興行収入四三〇万ドルのヒットとなった。作品自体は新しさに欠ける「私を野球につれてって」だが、ジーン、シナトラ、マンシンの相性の良さ、ベティ・ギャレットの快活で腰の据わった演技が評価され、またジーンとドーネンの監督としての力量が認められるなど、次の「踊る大紐育」に繋がる意義のある作品となった。

第六章　踊る大紐育

後に「ウエスト・サイド・ストーリー」や「屋根の上のバイオリン弾き」の演出、振付けで知られるジェローム・ロビンズが初めて振付けに挑んだのは一九四四年のことであった。作品名は「ファンシー・フリー」。上陸休暇をもらった三人の水兵が真夏のニューヨークの酒場で娘達と楽しむという内容の一幕のバレエである。作曲はロビンズと同じ一九一八年生まれのレナード・バーンスタイン。前年、病気のブルーノ・ワルターの代役で急遽ニューヨーク・フィルの指揮を執り脚光を浴びたばかりだった。四十四年四月にバレエ・シアターで上演された「ファンシー・フリー」が評判を呼ぶと、この作品をミュージカル化する話が進んだ。脚本はロビンズ、バーンスタインと交流のあったベティ・コムデンとアドルフ・グリーン。題名は「オン・ザ・タウン」──楽しみを求めて夜の街へ繰り出すという意味である。

同じ年の夏、MGMの脚本部門に所属し、メイヤーのお気に入りだったリリー・メシンガーは、ミュージカル「ブルマー・ガール」の映画化権の仕事でニューヨークにいた。この時バーンスタインと会った彼女は、製作途中の「オン・ザ・タウン」について話を聞かされる。未完成だった音楽の一節も聞きすっかりこの企画に惚れ込んだ彼女は、メイヤーにすぐに電話を入れた。ストーリーを説明し、脚本家や作曲者の素晴らしさについても伝えた。

「まだ聞いたことがない人たちでしょうけど、将来名前が売れるわよ」
「リリー、君の声からすると、ずいぶん入れ込んでるようだな(27)」

MGMは完成前の「オン・ザ・タウン」の映画化権を二十五万ドルで買い入れた。準備が整えば早期に映画化されるはずだった。

一九四四年十二月二十八日に公演が始まると、メイヤーはエディ・マニックスらと観劇のためニューヨークへ出向いた。しかし、「オン・ザ・タウン」はメイヤーの気に入るような作品ではなかった。現代風の風俗や聞こえてくる不協和音を嫌い、黒人の娘が白人と踊る場面にも不快感を抱いた。この芝居が「わいせつ」で「共産主義的」だと非難した彼は、映画化権を手に入れたことを後悔しながら劇場を後にすることになった。「オン・ザ・タウン」はブロードウェイで四六三回の公演を重ねるヒット作となったが、スタジオはこの企画を握り潰した。

一九四六年十月、コムデンとグリーンが「グッド・ニューズ」（'47）の脚本を書くためMGMにやって来るにあたり、エージェントや弁護士からは「オン・ザ・タウン」の脚本を書いた話は持ち出さないようにと釘を刺されていた。それほどこの話はタブーになっていたのだ。しかし、四十八年一月に始まった「ブロードウェイのバークレー夫妻」の脚本作りの間にフリードのオフィスに呼ばれた彼らは、「オン・ザ・タウン」の映画化（邦題「踊る大紐育」）の話を告げられ有頂天になった。

「オン・ザ・タウン（踊る大紐育）」の製作が再浮上した理由は謎だが、二つの可能性が考えられている。一つはブロードウェイ版の演出を担当したジョージ・アボットが、MGMから好きな作品を監督して良いと言われこの作品の名を挙げたことがきっかけになったという説。もう一つはドーア・シャーリーの存在である。

一九四八年七月にMGMの製作責任者になった彼は経費削減のため脚本部をくまなく調べ、長い間お蔵入りになっていた原作のいくつかを映画化することに決めた。その内の一つが「踊る大紐育」であったというものだ。ただしこの説は「〝ブロードウェイのバークレー夫妻〟の脚本作りの間にフリードから聞かされた」というコムデン&グリーンの話とは時期的に矛盾する。同作の脚本作りは四十八年前半に行われていたからである。もっとも、フリード自身は四十八年前半に映画化を考えていたものの、会社のお墨付きをもらったのは製作の実権がシャーリーに移った四十八年後半であったと考えればあり得ない話でもない。

いずれにしろ四十八年十月、ＭＧＭは「踊る大紐育」の映画化を公表し、さらにひと月もたたずに、コムデンとグリーンが脚本を担当すると発表した。監督はジーンとスタンリー・ドーネン。振付けもジーン。主要キャストは三人の水兵に、「私を野球につれてって」から引き続いて、ジーン、フランク・シナトラ、ジュールズ・マンシン。ジーン扮するゲイビーが追い求める「ミス地下鉄」アイヴィー・スミスに、「ワーズ・アンド・ミュージック」で共演したヴェラ＝エレン。シナトラに一目惚れするタクシー運転手ブランヒルデにベティ・ギャレット、マンシンの恋人の人類学者クレアにアン・ミラーがそれぞれ決まった。

映画の企画段階では困難もあった。フリードは当初から、バーンスタインの曲が前衛的すぎて大衆相手の映画にはそぐわないと考えていた。そのためバーンスタインの曲の利用は一部にとどめ、ナンバーの多くを新たに作るつもりだった。契約上からもＭＧＭはバーンスタインの曲のすべてを使わなくてはいけない義務はなかったが、一方でバーンスタインには新しく使われる曲に対する第一拒否権があった。

この問題を解決するため、MGMの法務部が間に入り妥協策が話し合われた。結果として、バーンスタインが拒否権を放棄する代わりに、MGMは映画で未使用の曲の権利をすべてバーンスタインに返却することで両者は合意した。また彼が映画のクライマックスで使われる曲を作るためにカリフォルニアに来ることにも同意した。それでも自分の曲を映画でどう扱われるのか不安になったバーンスタインは、編曲を旧知のソール・チャップリンが担当するようフリードに頼んだ。

バーンスタインのスタジオへの態度は寛大だったが、このような事態を心から納得していたわけではなかった。後年のインタヴューで、MGMには自分の名前を大きくクレジットに出すことは止め、使った曲だけに名前を載せてくれるよう言ったと述べている。

フリードは脚本のコムデンとグリーンに状況を説明した。バーンスタインの一部の曲を残し、その他のナンバーはロジャー・イーデンスが作曲すること。二人には新しい曲にも作詞をしてもらいたいこと。曲の変更などを踏まえて、脚本に手直しが必要なことなどであった。コムデン&グリーンはバーンスタインとの友情からすぐには了承できなかったものの、最終的に上記を受け入れ脚本作りが始まった。

物語は次のようである。

二十四時間の上陸休暇をもらった三人の水兵が午前六時、ブルックリンの港に停泊する軍艦を飛び出しニューヨークの中心部へ向かう。名所見物をする彼らは、地下鉄の車内で「六月のミス地下鉄」（ヴェラ＝エレン）のポスターを見つける。一目惚れしたジーンはぜひ彼女とデートしようと考え、皆で彼女の居場所を探し始める。途中で出会ったタクシー運転手のギャレットは、すぐさまシナトラを気に入り強引に誘う。

ヴェラ＝エレンの手がかりを求めて博物館に向かった一行は、そこで人類学者のアン・ミラーに会う。彼女は先史時代の男の像にそっくりなマンシンに一目惚れする。踊り回った一行は展示してある恐竜の骨格標本を壊してしまい、後で警察から追われるはめになる。効率的に探そうと三つのグループに分かれるが、ギャレットとシナトラ、ミラーとマンシンはそれぞれ自分たちだけで楽しんでしまう。

ジーンはわずかなヒントからダンスを稽古中のヴェラ＝エレンを見つけ出し、午後八時半にエンパイヤー・ステート・ビルディングで会う約束を取り付ける。集まった六人はナイトクラブを梯子して夜のニューヨークを満喫するが、ヴェラ＝エレンはメモを残して消える。ジーンから有名人だと思い込まれていたため、十一時半からコニーアイランドで踊るアルバイトのことを言い出せなかったのだ。警察とのカーチェイスの末コニーアイランドに着いた彼らは、ヴェラ＝エレンを見つけ出す。ドタバタの末警察に捕まるが、事情を話して許され、互いの誤解も解ける。午前六時、ブルックリン港に戻った三組のカップルは別れを惜しみ、水兵たちは船に戻って行く。

映画化に当たっては、舞台版と比べ様々な変更が加えられた。主演のジーンを中心にストーリーが展開され、登場人物の性格は主要なキャストそれぞれのパーソナリティーに合うように変えられた。映画の冒頭からアイヴィー（ヴェラ＝エレン）を探すために一行が別々に行動し始めるまでに要する時間は、スタジオの意向を考慮して延長された。その間に新たなナンバー〝先史時代の男〟が挿入され、博物館で皆が踊り回った後にアン・ミラーのタップの見せ場が作られた。ジーンとアイヴィーが実は同じ田舎町の出身だったという裏話も付け加えられ、ジーンが田舎町の情景を歌いながら、アイヴィーと軽くタップを踏むナンバー〝メイン・ストリート〟も加わった。戦時下に上演された舞台版では背景に戦争が意識されたが、映画では戦後すぐのアメリカの世相を描くように努めた。

バーンスタインの曲で映画にも使われたのは、三人がニューヨークの名所を回りながら快活に歌う〝ニューヨーク、ニューヨーク〟など三曲と新たに作られた〝ニューヨークの一日〟の計四曲。ロジャー・イーデンスが作曲したのは、六人がエンパイヤー・

ステート・ビルディングの展望台から地上に降りて歌い踊る〝オン・ザ・タウン〟や博物館での〝先史時代の男〟など七曲であった。

なぜ完成されているはずの舞台作品を映画化に当たり変えてしまうのかという問いに、アーサー・フリードは次のように答え、舞台作品を映画化する場合のプロデューサーの役割について語っている。

「〝なぜいじるんだ〟って決まって聞かれるんだよ。〝芝居は完璧にできてると思う。映画化する時にどうしてあれこれ変えるんだ〟とね。プロデューサーってものは必ず自分でその芝居を観ている。判断の分かれ目は、プロデューサーも実際にそれが完璧と思うかどうかにある。あくまで舞台としてだけどね。だけど彼がこの仕事から少なくとも何かを学んでいれば、演劇と映画はまったく異なるものだということがわかっているはずだ。映画というのはカメラによって語られるものだ。原作のお世話になる他のメディアよりもリアリティーが大切なものだ。難しいことだけど、原作をそのまま映画化することを拒否する勇気が必要だ。原作をそのまま尊重しすぎないようにしないといけない。とは言え、プロデューサーはいじり過ぎて壊してしまうことにも気を付けないといけないんだ[28]」

ジーンは兵役に就いていた頃「オン・ザ・タウン」を観て、ぜひ映画化したいとフリードに電話をかけた過去があった。自分より年の若いロビンズらの活躍には刺激を受けたに違いない。羨望や嫉妬も感じただろう。かねてからダンスを主体にした新しい時代のミュージカルを作りたいと願っていたジーンにとって、どうしても実現したい作品だった。だが新しい時代を描くミュージカルには新たな手法が必要である。そのためジーンとドーネンは撮影を全編ニューヨーク・ロケで行うことを希望した。スタジオ内での撮影が当たり前のこの時代には画期的なことであった。しかしメイヤーとミュージカル製作の責任者サム・カッツにはジーンとドーネンの構想を理解することができなかった。予算や撮影上の問題を挙げロケに難色を示すメイヤーらをフリードが説得したが、許可されたロケーション期間は五日間にすぎなかった。

四十九年三月にクランクインした「踊る大紐育」は、五月にはダンス・シーンを除くほとんどの撮影が終了した。撮影場所のニューヨーク市や海軍の許可も取れ、すぐに主要キャストと撮影クルーはニューヨークへ出かけた。

ブルックリンの軍港、バッテリー公園、イタリア人街、ブルックリン橋、ウォールストリート、チャイナタウン、自由の女神、グリニッジヴィレッジ、セントラルパーク、コロンバスサークル、ロックフェラーセンター、グラント将軍国立記念碑……。

メジャー・スタジオがミュージカルシーンを撮るためにこのような名所へ撮影隊を送るのは初めてのことだった。

天気や刻々と変わる日差しの向きに気を使い、シナトラ目当ての野次馬を避けながらロケは進められた。歌や音楽と動きにずれが生じないよう撮影する苦労もあったが、なんとか乗り越えられた。ロケを円滑に進めるためには、ジーンの考えを十分理解しながら撮影の手はずを整えていくスタンリー・ドーネンの貢献が大きかった。ジーンは次のように語っている。

「僕らはすべての撮影を隠れてやらなければならなかった。何とか通行人にカメラが見えないようにしてね。もし映画を撮ってるって気づかれたら、人だかりで撮影が遅れることになる。スタンリーはその当時でもスタジオから僕のおまけみたいに思われていたんだ。でももし彼がいなかったら、上手くやれたかわからない。〝踊る大紐育〟の冒頭シーンや映画全体で僕が何を考え、何を実現したいかがわかるのは彼だけだった(29)」

五月二十三日にスタジオに戻ると、バレエ〝ニューヨークの一日〟の製作が始まった。当初の予定と異なり、バーンスタインがハリウッドに滞在する五日間に作曲を仕上げ、その間にジーンがバレエを作り上げることになった。曲を知ったジーンはミュージカル「オクラホマ！」でアグネス・デ・ミルが振付けたバレエに匹敵するものを作ろうと考えた。本格的に踊るため、三組のカップルの内、ジーンとヴェラ＝エレンを除く四人を専門のダンサーに差し替えたが、その内の三人はジーンのアシスタントを務めたアレックス・ロメロ、キャロル・ヘイニーとジニー・コインだった。

バレエは物語をほぼなぞるように進行する。高層ビルのシルエットを背景に三人の水兵が踊り、ジーンを除く二人はそれぞれ相手の女性を見つける。ジーンはポスターで見たヴェラ＝エレンと会い、二人は黒の背景を照らす赤いスポットライトの中、ロマンティックにパ・ドゥ・ドゥを踊る。集まった六人はダイナミックに踊り回るが、午後十一時三十分になるとヴェラ＝エレンは消え、ジーンは一人寂しく立てかけられたポスターの脇に佇む。

バレエの撮影を終了し、「踊る大紐育」は七月二日にクランクアップとなった。

さて、これまで「踊る大紐育」は新時代の革新的なミュージカルであると書いてきた。しかし、今日我々がこの作品を観ても、たしかに賑やかで楽しいミュージカルとは思うものの、一体どこが革新的なのか理解できないのではないだろうか。もちろんわからないにはそれなりの理由がある。

映画作りはその黎明期から、撮影技法も脚本作りも、演技技法も、技術として蓄積され進歩を重ねてきた。優れた技術は多くの模倣を生み、それを使って作られた映画が世の中に溢れることになる。その過程で、かつては時代の先端を走っていた作品も後の世の人が観ればごく平凡な映画にしか見えなくなってしまう。もちろん過去の名作にはその作品ならではの今も失せない魅力が備わってはいるものだが、新しさや革新性は見えにくくなる。

そこで「踊る大紐育」の斬新さを検証するに当たり、少し時間を巻き戻し、同作品の一時代前に一般的だったミュージカル映画の水準と比較してみたい。ここで比較の対象とするのは、同作のほぼ十年前に同じＭＧＭで作られたエレノア・パウエルを主演にしたミュージカルである。その頃のＭＧＭミュージカルを代表するスターの主演作であり、ダンスの実力からみてもジーンに引けを取らないので、比較するには適していると思われる。

まず彼女の主演第一作「踊るブロードウェイ」（'35）を見てみよう。

若きブロードウェイのプロデューサー、ロバート・テイラーが、新しいショーのために金持ちの女性ジューン・ナイトから出資を受けるが、代わりに主役に据えるよう要求される。新聞にゴシップ専門のコラムを書くジャック・ベニーがそれをネタにあることとないことを書くため、テイラーとトラブルになる。郷里から出てきたテイラーの幼なじみエレノア・パウエルが最後に主役をつかみ、テイラーとの恋も成就するというバックステージ物である。

まず、のっけからラジオ局で突然〝アイ・ガット・リズム〟と〝ユー・アー・マイ・ラッキー・スター〟の二曲が何の前触れもなく歌われる。どちらのナンバーもこの映画にここで挿入される必然性は少しもない。ここに置かれた理由を強いて言えば、とにかくこの歌を聞かせたいからとしか言いようがない。

次にジューン・ナイトの家のパーティーで歌い踊られるナンバー〝あなたは私の心を弄んでる〟。歌詞は彼女とロバート・テイラーの関係を当てこすったような内容だが、そこから始まるダンスはテーマと直接関係のない華麗なショーになってしまっている。それぞれのシーンだけで考えれば、一流の歌手やダンサーが登場し、当時としては新しい映像テクニックや奇抜な小道具が使われるなど、それなりによく出来た演出である（このナンバーでデイヴ・グールドがアカデミーのダンス監督賞を受賞している）。しかし、ストーリーとの関連性に乏しく、歌やダンスはほぼ独立した存在である。

次の場面はテイラーの事務所に移り、田舎から出てきたパウエルがテイラーとの面会を希望する。ここで「いびき研究家」の初老の男（ロバート・ウィルドハック）が、居合わせたジャック・ベニーに様々なタイプのいびきを実演して見せる。芸としては面白いが、ストーリーの進展を完全に邪魔しており、映画のテンポを落としている。当時評判になっている芸を観客に見せることはその頃のミュージカル映画では珍しくない。唯一の映像メディアであった映画が、現在のテレビやインターネットのような情報メディアとしての役割も担っていたと言えるが、作品としての流れからすれば無駄なシーンである。

パウエルはアパートの屋上で踊っているバディ・イブセン、ベルマ・イブセンの兄妹と出会い、一緒に踊る。親しくなる過程を見せるという役割はあるが、パウエルや兄妹の芸を見せるという意味合いの方が強く、物語を進展させるほどの力はない。テイラーのオーディションを受けたパウエルは彼と旧交を温め、舞台での活躍を夢見る。

彼女の空想の場面になり、舞台上で〝ユー・アー・マイ・ラッキー・スター〟にのせてクラシックバレエ風に踊る。バズビー・バークレイ様式の俯瞰からのショットもあり、白黒のコントラストを上手く使った豪華な雰囲気のセットもありと手の込んだ演出、振付けだが、これもストーリーとは無関係で、あくまでプロダクションナンバーとして独立したものである。リハーサルの一場面として歌い踊られるナンバー〝日曜日の午後〟。これもイプセン兄妹の歌と踊りを見せるための目的でしかない。舞台やリハーサルの場面としてどんなナンバーでも挟み込めることは、バックステージ物の利点であるが同時に欠点でもある。

同じくリハーサルの場面で、フランス人女優のふりをして主役をつかんだパウエルがタップを見せるが、これもストーリーの流れに沿ってはいても、ほとんど彼女のタップのうまさを見せる目的でしかない。余計な話だが、エレノア・パウエルはこの場面のように濃いめの化粧で派手に作った方が魅力的に見える。

最後はパーティーの場面。ジャック・ベニーに脅されフランス人女優のふりが出来なくなったパウエルが一計を案じ、ベニーと一緒に元のアイリーンとして登場する。ところがどういうわけかパーティー会場は一転してショーを演じる場となる。これまで登場した主なエンターテイナー達が〝ブロードウェイ・リズム〟のメロディーにのせて歌やダンスを繰り広げ、最後はエレノア・パウエルのタップで締める。物語としてはよくわからないのだが、それぞれの歌やダンスが素晴らしいので楽しめてしまい、まあ良いかと観客に思わせて映画は終わる。

次に主演第三作の「踊る不夜城」('37)を見てみよう。これも同じようなバックステージ物である。プロデューサーのロバート・テイラーは企画するショーへの出資契約をアイスクリーム会社の社長と結ぶが、決定権はその妻の方にあった。テイラーはニューヨークへ向かう列車の中でエレノア・パウエルと知り合う。彼女のタップの実力を知ったテイラーは、ショーの主演に据えることに決める。しかし、二人が恋仲になったことに嫉妬した社長の妻は契約を破棄し、ショーの制作が立ちゆかなくなる。パウエルは自分の馬を障害レースに出場させ、二万五千ドルの賞金を得てショーの資金にする。舞台は無事完成し、皆が出演しフィナーレとなる。

冒頭メトロポリタン劇場の前景から急に場面が床屋に変わり、理髪師のチャールズ・イゴール・ゴリンがオペラ「カルメン」の〝闘牛士の歌〟を歌っている。ストーリーとは何の関連もなく、彼の歌を聴かせるためだけの目的でしかない。次に、列車の中に隠れていたパウエルをジョージ・マーフィーとバディ・イプセンが見つけ、三人で歌い踊る〝ステップをまねて〟。三人が仲良くなりテイラーが彼女の実力を知るという点で、物語の進展を助ける意味は十分にある。ただし細長い列車の中を側面から撮影し、三人が画面を左右に踊るショットが多く、いかにも平面的である。時に車内を進行方向から撮影し、画面奥から手前に動いて奥行きを表現する構図もあるが、もう一工夫足りない。

パウエルは列車内のテイラーのコンパートメントにやって来て、出来上がったばかりの曲〝君と僕のもの〟を歌う。二人の親密さを高めている点でストーリーの展開に貢献している。ちなみにエレノア・パウエルの歌はマジョリー・レインによる吹き替えである。

次の場面はテイラーの経営する俳優斡旋所。ソフィー・タッカーとジュディ・ガーランドの親子が現れ、ガーランドが〝エブリバディ・シング〟を歌い、タッカーら一同が唱和する。あくまでガーランドの歌を聞かせるのが目的であって、ストーリーは停滞しテンポが落ちる。住居を探すためテイラーとパウエルはタッカーが経営する芸人のための下宿屋を訪れる。「踊るブロードウェイ」ではいびき研究家で出演したウィルドハックが、ここでは「くしゃみ研究家」として出演し蘊蓄を傾ける。前作同様ストーリーには全く関係がなく、映画の流れを考えれば無駄なシーンである。劇場で行われるオーディションに現れたソフィー・タッカーが歌うのが〝近いうちに〟。彼女の堂々とした歌声を聞くことができるが、これもタッカーの芸を見せるためでしかない。

オークションで自分の馬を手に入れたパウエルと調教師になるジョージ・マーフィーが歌い踊るのが〝百万長者になった気分〟。踊り始めた二人は公園のあずまやに入り、雨に降られる。状況設定からして当然、フレッド・アステア&ジンジャー・ロジャース主演の映画「トップ・ハット」の有名なナンバー、〝雨に降られるなんて素敵な日じゃない?〟を意識して作られている。しかし本来このダンスは恋人のロバート・テイラーと踊るべきはずのものである。それをマーフィーと踊ったところでロマンティックな雰囲気になるはずもない。おまけに二人の踊りのバランスが取れず、残念ながらダンスからケミストリーは生まれていない。

続いてパウエルの持ち馬を障害レースに出すための訓練シーン。チャールズ・イゴール・ゴリンが今度は歌劇「セビリアの理髪師」から〝私は町の何でも屋〟を歌うが、これもストーリーとの関連はない。終いには馬の訓練のバックグラウンド・ミュージックになってしまう。ここでとってつけたように挿入されるのが、ジュディ・ガーランドがクラーク・ゲーブルへの憧れを歌う〝恋をしたのはあなたのせいよ〟。思春期の彼女を代表するパフォーマンスとして有名なシーンだが、ストーリーとは全く関連がない。

フィナーレは約十二分間の舞台場面。パウエルとマーフィーのダンス、イプセンとガーランドのタップ、タッカーの歌と続き、最後はパウエルの見事なタップで締める。芸自体はどれも素晴らしいが、撮影はほとんど舞台正面に据えられたカメラで行われ、画面から躍動感を感じることはない。舞台上の動きも奥の階段を使って多少変化を出すが、あとは背景を工夫しているに過ぎない。

いくら例を挙げてもきりがないので、比較の対象はこれぐらいにしておきたい。上記の例からわかるように、一般的にこの頃のミュージカル映画では挿入される歌やダンスと物語の展開との間に関連性が乏しく、ましてや登場人物の心理を掘り下げることなど考慮されていない。あくまでナンバーや芸自体を見せることを主眼においているる。さらにスタジオが推している俳優や見せたい芸のシーンを挿入するため、物語の進行は止まり、テンポは落ちる。ドラマの部分の撮影は、フルショットからクロースアップまでを必要に応じて使い分けながら、人物を正面から固定して撮っている。観客にとって非常に安定感がありわかりやすいが、その反面、映画の流れにリズムが欠けどうしても平板になりがちである。

ひるがえって「踊る大紐育」を見てみたい。冒頭摩天楼の遠景から早朝のブルックリン港を俯瞰から広く撮し、その中をクレーンの運転手がのんびり歩きながら〝まだベッドにいる気分〟を歌っている。広々とした映像が観る者の心をほぐすと共に、ロケーションによるドキュメンタリー感が物語の真実味を強める。すると突然テンポが上がり、水兵達が賑やかに軍艦から駆けだしてくる。主人公ら三人は快活に〝ニューヨーク、ニューヨーク〟を歌い出す。

カメラは三人の正面やや下から仰ぎ見るように撮影している。観客も空を仰ぎ見るような感覚になり、希望に溢れた感情が呼び起こされる。ここから細かいカットで名所巡りが始まる。歌と音楽に乗せながら一ヶ所を数秒から十数秒で紹介していくスピード感に、三人の楽しさや仲の良さが同時に表現される。ナンバーが終わってスタジオ内のスクリーンプロセスを使った演技になるが、当時の技術としては背景の街との違和感が少ない。

続いて楽しいエピソードが続く。地下鉄のホームで名所への行き方を尋ねるたびに、相手の返事が電車の轟音にかき消されるギャグ。電車内で席取りを邪魔する子供やおしゃべりな女性。それぞれが次々と小道具になって飽きさせない。車内に貼られた「六月のミス地下鉄」のポスターを見てジーンはヴェラ＝エレンに一目惚れするが、ポスターの彼女は当時二十八歳。後年の痩せ気味の体形とは違う溌剌とした外見で、彼が一目惚れするのも当然と思わせる説得力がある。ここからジーンが彼女の生活ぶりを空想する〝ミス地下鉄〟のナンバー。初めは家事をする姿を優雅なバレエ風ダンスで描き、最後はスポーツをする姿をテンポ良く描いて盛り上げる。ジーンの憧れを表現すると同時に、彼女の魅力とダンスのレパートリーの広さをアピールするシーンでもある。同じような趣向が後に「巴里のアメリカ人」でレスリー・キャロンの紹介シーンにも使われている。

たまたま降りた駅で写真撮影をしていたヴェラ＝エレンに出くわしたジーンは、是が非でも彼女を探そうとする。駅を出た一行が乗ったのがベティ・ギャレットのタクシー。一目見るなりシナトラを気に入った彼女は強引に誘う。展開があまりに早すぎて心理描写も何もないようだが、二十四時間の三人の活動を百分ほどの映画で描ききるという切迫感の中では、この安易さが逆にありがたい。ベティ・ギャレットのさっぱりしたパーソナリティーのおかげで強引さに嫌みがない。

博物館に向かった四人は恐竜の骨格標本の前で人類学者のアン・ミラーに会う。声を掛けるマンシンに「興味があるのは純粋に学問的な意味よ」などと言うが、ギャレットと同じようにあっという間に彼が好きになり、「大昔の健康な男が好き……」と〝先史時代の男〟のナンバーを歌い踊る。アン・ミラーの見せ場を作るためのナンバーとも言えるが、他の四人が適度に絡んで親密さが浮き彫りにされる楽しい場面となった。もちろん彼女のミュージカルタップの上手さも堪能できる。

三組に分かれて探すことになり、シナトラはギャレットのタクシーに乗る。相変わらず名所見物をしたいシナトラと自宅へ誘うギャレットの掛け合いが歌になるナンバー、〝家に来なさい〟。四十年前のガイドブックを手に昔の名所に行きたがるシナトラとあくまで強引なギャレットの言い合いが楽しい。ストーリーの展開から外れず、二人の性格もよくわかる。ギャレットの家に着くとルームシェアをしているアリス・ピアースが風邪で休んでおり、くしゃみをして二人の邪魔をするのがおかしい。彼女だけはブロードウェイ版に引き続いての出演である。

音楽堂で酒好きの女性教師からダンスのレッスンを受けているヴェラ＝エレンを見つけたジーンはデートを申し出るが、ぶしつけな話しぶりに彼女は怒る。謝るジーンが郷里の田舎町の話をすると、実は同郷のヴェラ＝エレンはニューヨーク生まれを装いながらも興味を示す。ここからジーンが田舎町の様子を歌い、二人で軽やかにタップを踏む〝メイン・ストリート〟が始まる。他の二組のカップルと対照的に、ここでは互いのやり取りや葛藤が時間をかけて描かれ、次第に心が通じ合う過程がダンスを通して表現される。

場面は変わって午後八時のエンパイヤー・ステート・ビルディングの展望台。シナトラとギャレットがロマンティックに歌うのが〝君は恐ろしい〟。「君は恐ろしいほど素敵だ……」と逆説的な言葉を重ねながら互いの恋心を歌うナンバー。二人の見せ場を作りながら、互いの心の進展をストーリーに沿って描いている。

八時半に集まった六人が歌い踊るのが、ロジャー・イーデンスが作曲したタイトル・ソング〝オン・ザ・タウン〟。「夜の街へ繰り出そう。いやなことは忘れて、今夜だけは楽しもう!」と展望台で始まり、エレベーターを降りビルの入り口から歩道の上でとダンスは続く。明るく力強い歌声に乗って繰り広げられるダンスは、難しいステップや高い身体能力を必要とするものではないが、皆の喜びを通じて映画自体を前に推し進めるパワーがある。

カメラも正面に据えられ無駄な動きをせず、全員をフルショットで撮す。しかし男性三人と女性三人が交互に前後に入れ替わる動きがわずかな立体感を生み、互いの肩に手を置く動作が親密さを演出する。エレベーターの中は見えなくても階数表示だけで観客の気分が盛り上がり、心の中でダンスは続く。

路上に出た六人は常にカメラを見つめて動き、ダンスが観客に語りかけていることがわかる。歩道を歩く彼らのスピードが背景の建物や通行人を媒介にして意識される。最後は進行方向にカメラが置かれ、向かって来る六人を撮す。画面の奥、道の遥か後ろにいる通行人との対比で、奥行きや立体感が強調される。去って行く六人を撮す時のみカメラは上昇して俯瞰になる。広い範囲を映すことで六人は小さくなり、観客がホッと一息つく間が生まれる。去りながら六人がカメラに振り返る動作が、スクリーンによって隔てられた観客の気持ちをつなぎ止める。

二次元の映像をどう立体感を持って表現するか、動くもののスピード感をどこまで描けるか、スクリーンで遮られた観客との意識の壁をどう打ち破るか。ジーンが長年抱えてきた難問への一つの解答がここにある。

ナイトクラブを梯子する六人だが、ヴェラ＝エレンが姿を消す。ギャレットがジーンのためにアリス・ピアースを呼び寄せるが、もとよりヴェラ＝エレンの代わりにはならない。一人落ち込むジーンを皆で慰めるナンバー、〝おまえから離れない〟。凝った振付けもなくバーのカウンターの前で繰り広げられるナンバーだが、その楽しさがジーンを慰めるストーリーの展開にピタリとはまっている。アリス・ピアースの芸の上手さもよくわかる。

ピアースを家に送ったジーンは近くの壁に貼られたポスターの脇で物思いにふける。〝ニューヨークの一日〟が始まる。後年彼はこのナンバーを失敗だったと語っている。登場人物をダンサーに入れ替えたことで観客が混乱し、ストーリーとの関連性がわかりにくくなったというのだ。しかし、本格的なダンスを見せたいならそれなりのダンサーを投入するのは仕方がない。一工夫する必要があったのはストーリーをそのままなぞったような振付けの方だったのではないか。そしてその反省に対する回答が、後の「巴里のアメリカ人」におけるフィナーレのバレエにあるのではないかと思う。

最後は再び俯瞰で港の風景を撮し、駆けつける三人の女性、キスをするそれぞれのカップル。そして軍艦からは新たな水兵たちが飛び出して来る。彼らが〝ニューヨーク・ニューヨーク〟を歌い、映画は終わる。

「踊る大紐育」は映画として、ことさら深刻なテーマを掲げたり、複雑なストーリーを描いているわけではない。それどころか物語はエレノア・パウエル主演の映画に較べてもきわめて単純で、単に水兵が女性を探してニューヨークを一日駆け回るというだけの話である。しかし「踊る大紐育」はジーンの最高作といわれる三作品（他に「巴里のアメリカ人」、「雨に唄えば」）の中でも最も無駄が少なく、ストーリーがテキパキと進行していく印象を受ける。すべてのナンバーがストーリーの展開を助け、登場人物の描写を深めている。すべての要素が話の流れを進めるために有機的に作用している。そういう意味では「ストーリーに対する誠実さ」を備えた映画とも言える。

さらにタイムズスクエアの電光掲示板からヒントを得たという画面に時刻を表示してニュース速報のように見せる技法や、細かいカット割りなど、新しい映画の描き方が駆使されている。作品全体を貫く明るさや賑やかさに隠れてはいるが、ジーンが長年考え続けた映画でミュージカルを描ききるという課題への回答が随所にちりばめられている。

撮影された〝オン・ザ・タウン〟のナンバーを見たアーサー・フリードは次のようなメモをジーンとドーネンに書いている。

「〝オン・ザ・タウン〟のナンバーを見たばかりだ。すごいよ。私がこの仕事を始めてから、こんなにわくわくしたのは初めてだ。

プレスバーガーとパウエルでも君の靴を磨けないよ——赤い靴だろうが、白や青だろうが。

君たちを誇りに思うプロデューサーより(30)」

文中、プレスバーガーとパウエルというのは、英国映画「赤い靴」（'48）を製作、監督したエメリック・プレスバーガーとマイケル・パウエルのことである。クラシック・バレエを題材にした同作は、米国では四十八年十月に公開され、観客からも批評家からも絶賛されたが、とりわけ劇中十五分間ほど続くバレエシーンは大変な評判を呼んだ。ジーンがこれに刺激を受け、この後「巴里のアメリカ人」の最後に十七分間のバレエを振付けたことは有名だが、四十九年三月に撮影が始まった「踊る大紐育」でも関係者が「赤い靴」を意識していたことがこのメモからわかる。

一九四九年七月に撮影の終了した「踊る大紐育」はその年の十二月に公開されると、観客からも批評家からも絶賛され、大ヒットを記録した。公開当日の新聞は、ニューヨークのラジオ・シティ・ミュージック・ホールに集まった観客の列が二列で七ブロックも続き、新記録だったと伝えている。

後日ルイ・B・メイヤーはスタジオ内の理髪店でジーンを呼び止め小声で言った。

「私が間違っていたようだ。君たちは立派な仕事をしたよ[31]」

一九四九年六月、チャールズ・ウォルターズの元に監督を引き受けるようにとの依頼が届いた。プロデューサーはジョー・パスターナク、主演はジュディ・ガーランドとジーン・ケリー。「サマー・ストック」という名の作品だった。しかし、届いた脚本を読んだウォルターズはその内容にがっかりした。女性農場主の納屋で皆が大騒ぎをしながらショーを立ち上げるという古くさい話だったからだ。

ガーランドは精神的な不安定さのため、一ヶ月前に「アニーよ銃をとれ」の主演を降板させられたばかりだった。そんな彼女を支える目的でスタッフも選ばれていた。前年主演した「イン・ザ・グッド・オールド・サマータイム」（'49）の撮影が無事に終了していたことから、プロデューサーは同じパスターナクに、監督は以前から彼女と信頼関係にあるウォルターズに白羽の矢が立った。

企画会議が始まると、ウォルターズは脚本への不満――物語があまりに陳腐で、これまでいくつもの映画で使い古されている。ガーランドの役はただ純真なだけで、演技の才能を発揮する場がない。仮にこのままのストーリーで行くなら、もっと面白い場面を入れられる脚本家を使うべきだ――を述べた。しかしドーア・シャーリーの考えは変わらず、製作はそのまま進行していった。

共演のジーンにとっても「サマー・ストック」は出演に気乗りのしない作品だった。今の彼は望めばどんな企画でも通る立場にあった。作るべき映画は「踊る大紐育」のように斬新で新時代を開くミュージカルのはずだった。しかし、「サマー・ストック」は一昔前にガーランドとミッキー・ルーニーを主演にして作ればちょうど良いような話だった。これでは時代の逆戻りである。だがそれにもかかわらずジーンは共演を引き受けた。デビュー作「フォー・ミー・アンド・マイ・ギャル」でガーランドから受けた恩義に報い、今の彼女を少しでも助けたかったからだ。

ガーランドはコネティカットの農場主。苦労をしながら一人で農園を切り盛りしている。農機具会社の社長の息子エディ・ブラッケンとは四年ごしに婚約しているが、どこか結婚に踏み切れない。ニューヨークに出て行った女優志望の妹グロリア・デ・ヘイヴンが、ジーン主宰の劇団を引き連れ突然農場にやって来る。恋愛関係にあるジーンの作品がプロデューサーに認められるようにと、公演場所として農場を勝手に提供したのだ。怒ったガーランドは劇団員に農場の仕事を手伝わせるが、慣れない仕事でかえって大混乱となる。当初は反目していたジーンとガーランドだが、様々な出来事を通してしだいに心を通わせていく。ニューヨークで新しい役にありついたデ・ヘイヴンが、主演の男優と一緒に開演三日前に姿をくらます。急遽ジーンとガーランドが主役を務めることになり、特訓が始まる。ブラッケンがこれを邪魔しようと画策するがショーは無事開催され、居並ぶプロデューサーたちの前で大成功を収める。最後はジーンとガーランド、ブラッケンとデ・ヘイヴンのカップルが生まれハッピーエンドとなる。

一九四九年五月末から九月初めにかけてボストンの病院で薬物依存の治療を受けたガーランドは、いくぶん健康を取り戻したものの本調子とは言えず、体重もかなり増えていた。衣装デザインを担当したウォルター・プランケットによると、

「我々は彼女ができるだけやせて見えるように努力したが、奇跡を起こせるわけもなく、上手くいかなかった(32)」

十月からリハーサルや歌の録音、衣装合わせなどが始まったが、案の定ガーランドが姿を見せないことが増え、十一月に撮影が始まっても同様の状態が続いた。撮影開始後二～三週間でパスターナクは製作の中止を決心した。

「遅延によって何千ドルも費用がかさんでいた。続行しても無駄になるだけだった。当然のことだが我々はジュディを助けようと全力を尽くした。でもダメだった。メイヤーには損失を食い止めてサマー・ストックのことは忘れるように進言したんだ。歓迎されると思ったよ。でも驚いたことに彼はノーと言ったんだ。

彼はこう言った。

〝ジュディ・ガーランドは元気な頃にはスタジオのためにたくさんの金を稼いでくれた。我々にできるせめてものことは、あの子にもう一度だけチャンスをやることだ。今製作を止めたら、彼女は終わりだ〟

われわれ皆は深くため息をついて、それから仕事に戻ったんだ[33]」

ジーンもパスターナクを説得してこう言った。

「あの娘のためなら何でもするよ、ジョー。もしここに座って一年待てと言われれば、彼女のためにそうするつもりだ[34]」

撮影現場にガーランドが現れなくともジーンは一言も愚痴を言わなかった。空いた時間を過ごすため、バスケットボールのチームを二つ作りリハーサル室で試合をしたり、自身の担当するナンバーの振付けを考えた。「サマー・ストック」を代表するナンバーの一つ〝ユー・ワンダフル・ユー〟の振付けは、このような時間に作り上げられた。

ソロで踊る曲の企画を抱えていたジーンは、振付担当のニック・キャッスルを訪ねた。キャッスルは新聞紙の上でタップを踊り、この音はどうかと聞いた。気に入ったジーンは翌日リハーサル室へ行くと、新聞の上でタップを踊るルーティンを考え始めた。だが、これだけでは何かが足りなかった。もう一つ別の音を求めて彼は様々なことを試した。新聞を破ったり、上でタップを踏んだり、くしゃくしゃにしたり。散歩をしながらも、小石を踏みつけたり、空き缶を蹴ったり。しかし、やはり物足りなかった。

そこで彼はもう一度考え直してみた。

「自分に聞いてみたんだ。ダンスはどこで踊る？　木造の納屋だ。納屋の中でダンスはどうなる？　難しいね。なぜ？　床板が平らじゃないからね。それだ……ピンときたんだ。ギシギシいう床板さ！　それこそ探してた音だ。その後は順調に進んだね。一時間くらいでダンスの筋書きが出来上がった。……(35)」

しかし、リズムに合わせ上手く足で新聞をちぎるには、紙の質が問題だった。新聞紙に刻み目もつけてみたが、ステップを踏むとばらばらになってしまった。新聞の古さによって紙質が違い、新しいと全くちぎれなかった。彼と小道具係は偶然から少なくとも三ヶ月前の新聞がダンスに最も適していることに気がついた。そこで三ヶ月前のロサンゼルス・タイムズを出来るだけ多く集め、靴底の状態が変化しにくい靴も選んで撮影に臨んだ。

出来上がったナンバーは次のようなものだった。

納屋での稽古も佳境に入るが、ジーンの指示にデ・ヘイヴンが反抗し口論になる。彼女が出て行った後でガーランドは、妹を傷つけぬようもっと優しく接して欲しいとジーンをいさめる。稽古が終わり灯りも落とされた舞台を、一人残ったジーンは口笛を吹きながらゆっくりと歩く。カメラは引きながら少しずつ角度を変え、舞台全体とジーンを斜め上から映しだす。床板の軋みに気づいたジーンは、何度も踏んで音を確かめ、軽くタップを踏み始める。次に床上の新聞紙に気づき、今度は新聞紙の音に興味を示す。

床と紙のこすれる音、新聞の上で踏むタップ。これに床板の軋み、木製の段への上り下り、床上でのタップを織り交ぜる。音楽の音量が上がると共に、動きも大きくテンポも速まる。最後は踊りながら足で新聞紙を半分、四分の一とリズムに合わせて切り分け、断片を蹴散らすが、残った新聞の記事にふと目が留まり、手に取って読みながら静かに袖に消えていく。

一見、ジーンのタップを新しい趣向で見せるだけのナンバーで、ストーリーとは無関係なように見える。しかしそうではない。言い争いやガーランドの諫言など激しいやり取りの後、一人になったジーンを静寂が包む。言いすぎたことへの悔恨、それでも収まらない怒り、ガーランドへの思いなどがない交ぜになりながら、ジーンは所在なく歩く。彼の内面への問いかけが静謐さの中で観客にも伝わってくる。やがて問いかけは床板や新聞など外界のものへと方向を変える。当初は探るように静かに始まったダンスは次第に踊る喜び、恋への希望を象徴するかのように激しく、ダイナミックに盛り上がっていく。リズムに合わせ新聞を一気に切り裂く音の爽快感は喜びの証でもある。最後はジーンの振付けによくあるように、どこか愁いを帯びて静かにダンスは終わる。

床板の軋みや、ちぎれる新聞紙など小道具に目を奪われがちなナンバーである。もちろんそういったプロップダンスとしての楽しさ、素晴らしさもある。だが、その本質は、ストーリーの流れを引き受けながらジーンの心の動きを伝え、気持ちを掘り下げ、さらに今後の恋や希望を象徴することによって物語を推し進める力にある。古くさいストーリーの作品にありながら、「ユー・ワンダフル・ユー」は新時代のミュージカルにおけるナンバーとしての役割を十分に担ったパフォーマンスだった。

一九五〇年二月に撮影は終了するが、ウォルターズはガーランドにもう一つ印象的なナンバーが必要だと考えた。そこで歌いたい曲を聞いた上で、ウォルターズ自ら振付けたのが〝ゲット・ハッピー〟だった。ガーランドはカリフォルニアのリゾート地、カーメルでホリスティック医学の治療者の指導を仰ぎながら療養し、三週間の間に十一kgの減量に成功した。三月に撮影された〝ゲット・ハッピー〟はタキシードのジャケットに黒いストッキング、中折れ帽を目深にかぶったいでたちで男性ダンサーを従えて歌い踊り、MGM時代の彼女を代表するナンバーとなった。

ただし少し気になることがある。〝ゲット・ハッピー〟はそもそもストーリーとの関連もなく、ショーの演目の一つとしてガーランドの芸を見せるために挿入されたナンバーに過ぎない。そういう意味では古い時代のナンバーの使われ方であり、好ましいとは言えない。しかし時代に先駆けた斬新でセクシーな演出に、ガーランドの歌唱力、スターとしての貫禄が一体となり、批評家や観客から絶賛された。このようにプロダクション・ナンバーには、それ自体が優れていれば作品自体と有機的に連携していなくとも「許される」側面がある。楽しさ、素晴らしさを表現出来れば、一種の「独立性」を保持することになる。逆に言えば、いかにストーリーと結びついていても、ナンバーの出来次第では作品の中での役割を十分果たしていないことになる。

これまでナンバーとストーリーの有機的な関連を新時代のミュージカルの方法論として是としてきた。しかし、ミュージカルは娯楽である。娯楽には楽しさ、美しさによって観客の目を楽しませる使命がある。その意味で〝ゲット・ハッピー〟はストーリーとの関連はないものの、ミュージカル本来の使命を担うことによって、「サマー・ストック」の中に存在する意味を持った。さらに一九五〇年代までのミュージカル映画には、それを見る観客も含めて、良い意味でのゆるさがあった。ナンバーをそれ自体の出来の良さで受け入れる許容度があった。〝ゲット・ハッピー〟はその振付けのシャープさを武器に、スタジオ黄金期のミュージカル映画のゆるさの中で輝いた。

一九五〇年八月に公開された「サマー・ストック」は評判も良く興行収入も悪くなかったが、ガーランドの不調で撮影が長引いたため必要経費が膨らみ、最終的には赤字になった。同じ年の五月から「恋愛準決勝戦」のリハーサルに入った彼女だが、欠勤や遅刻のため六月に降板させられてしまう。その二日後に自殺未遂でマスコミを賑わせた彼女は、九月になりついにＭＧＭから契約解除を言い渡される。映画初出演作でガーランドに助けられたジーンはいつの間にか支え役にまわり、「サマー・ストック」

共演を最後に彼女がＭＧＭから去るのを見送ることとなった。

第七章　巴里のアメリカ人

アーサー・フリードは土曜の夜、ビバリーヒルズのアイラ・ガーシュイン宅でポーカーやビリヤードを楽しむのが常だった。ある晩フリードはアイラに言った。

「ずっとパリについての映画を撮りたいと考えてるんだが、〝パリのアメリカ人〟という題名を売ってくれないか」

アイラの亡くなった弟、ジョージ・ガーシュインが作曲した交響曲である。アイラはジョージの財団を管理していた。

「かまわないよ。ただしガーシュインの曲だけを使ってくれるならね(36)」

契約が成立し、ＭＧＭからアイラに楽曲とタイトルの使用料として十五万九千ドル、さらにコンサルタント料五万六千ドルが支払われた。しかし、ガーシュインについては伝記映画「アメリカ交響楽」（'45）がすでに作られており、フリードは同じような映画を製作するつもりはなかった。彼は第二次大戦後間もなく、除隊したアメリカ兵がパリで絵の勉強をしているという記事を読んだことがあった。それを題材にストーリーを作り、ガーシュインの音楽と印象派絵画で彩りを添え、本格的なバレエを入れようと考えた。

監督はミュージカルと美術に対する造詣の深さを考えると、ヴィンセント・ミネリ以外に考えられなかった。脚本家には原作なしで素材に肉付けしながらストーリーを作り上げる力が必要だった。フリードはその頃MGMで「恋愛準決勝戦」の脚本を仕上げていたアラン・ジェイ・ラーナーに依頼した。

後に「マイ・フェア・レディ」や「恋の手ほどき」の脚本、作詞で知られるラーナーは、一九四七年にブロードウェイで「ブリガドーン」をヒットさせたばかりの気鋭の脚本家だった。彼の記憶によると脚本の依頼を受けたのは四十九年の晩春だったという。

一旦ニューヨークに戻ったラーナーは再びハリウッドを訪れ、九月から執筆にとりかかった。だが書き始める時点で決まっていたのは、舞台はパリ、主人公はアメリカ人の画家でガーシュインの曲を使うということだけだった。使用する曲もわからない段階で脚本を作り上げることは容易ではなかったが、ラーナーは十二月に最初の原稿をフリードに渡すと、翌一九五〇年三月の自分の結婚式前に、残りの脚本を一気に書き上げた。

出来上がった物語は次のようなものだった。

アメリカ人の元兵士ジェリーは、戦後もパリに残り画家を目指して勉強を続けている。友人には同じアメリカ人でコンサート・ピアニストを目指す「パリで一番ひねた神童」アダムや、彼を通して知り合ったフランス人のクラブ歌手アンリがいる。街角で見かけたジェリーの絵を気に入った大金持ちの女性マイロは、彼のスポンサーになると申し出る。金に飽かせた強引な言動に反発するジェリーだが、個展を開き、そのためにスタジオも用意するというマイロの計画に次第に乗せられていく。

偶然クラブで出会った娘リーズに一目惚れしたジェリーは、積極的に彼女に近づく。初めは敬遠されていたジェリーだが、やがて二人は愛し合うようになる。だが、リーズには戦争中命を助けられた恩のある婚約者がいた。アンリである。アンリはアメリカに招聘されたのを契機に、リーズと結婚することを決める。彼とリーズの関係を知ったジェリーは身を引く覚悟を決め、マイロと美術学校のパーティーに出かける。パーティーの場で出くわしたジェリーとリーズはつらい別れの言葉を交わすが、アンリはそれを物陰で聞くこととなる。車で走り去るアンリとリーズ。しかし、ジェリーが物思いにふける間にクラクションが鳴り、戻った車から一人降りたリーズはジェリーのもとに帰る。

主演のジェリーにはアステアとジーンが候補に挙がったが、交響曲を使ったバレエやＧＩの年齢を考えるとジーンが適役なのははっきりしていた。相棒のピアニスト、アダム役はガーシュイン音楽の優れた演奏家であり、実生活でもジョージ・ガーシュインの親しい友人であったオスカー・レヴァント以外に考えられなかった。パトロンとなる女性マイロはニナ・フォッシュに決まった。映画、舞台、テレビで活躍したほか、後に四十年以上にわたり大学で演技からキャスティングまで幅広く教えることになる彼女は、この役に必要な気品や知性を備えていた。

ジーンの相手役となるフランス娘リーズには、当初スタジオ所属のシド・シャリースやヴェラ＝エレンの名が挙がった。

しかし、ジーンはもっと若くて純情な生粋のフランス人を起用するよう主張した。

一九四八年、彼はパリで若いバレリーナ、レスリー・キャロンを見ていた。パリ近郊の町ブローニュ＝ビヤンクールでフランス人の父とアメリカ人の母との間に生まれた彼女は、当時シャンゼリゼ・バレエ団に所属し、ダヴィッド・リシン振付けの「出会い、あるいはオイディプスとスフィンクス」に出演していた。

「信じられないほどの素質にあふれ、動きがとても美しい(37)」と感じたジーンは、終演後楽屋を訪れるが、すでに彼女は帰った後だった。当時十七歳の彼女は母親から幕が下りればすぐに帰宅するよう言いつけられていたのだ。ジーンはリーズ役を決める際、パリで見たこのバレリーナを強く勧めた。スクリーン・テストを行うためパリへ赴いたジーンは、候補に挙がったレスリー・キャロンと女優のオディール・ヴェルソワをカメラに収めた。フィルムは航空便でハリウッドに送られ、フリードとミネリはリーズ役をキャロンにすることで一致した。

歌手アンリ役は当初モーリス・シュヴァリエに依頼された。しかし当時のシュヴァリエは、主人公に女性を奪われるような役を引き受けるつもりはなかった。また彼自身、戦時中親独派のビシー政権に協力したことによって、政治的にも問題を抱えていた。そこでラーナーはその頃ブロードウェイに出演していたジョルジュ・ゲタリをフリードに推薦した。ラーナーの書いた役に比べゲタリが若すぎるきらいはあったもののの、アンリ役は彼に決まった。

フリード、ジーン、ミネリ、音楽監督のソール・チャップリンはアイラ宅で数週間をかけ、ジョージ・ガーシュインのあらゆる作品を徹底的に聞き込み、映画で使う候補曲を選び出した。候補曲はミネリ、ジーン、ラーナーの三人によって更に絞り込まれていった。ストーリーやミュージカルシーンを念頭に、最終的に採用されたのは〝アイ・ガット・リズム〟、〝我が愛はここに〟、〝スワンダフル〟やタイトル曲となる〝パリのアメリカ人〟など十七曲であった。

一九五〇年六月にリハーサルが始まった。ジーンが振付けに没頭する一方、隣接するホールではアシスタントのキャロル・ヘイニーがレスリー・キャロンの指導を熱心に行っていた。

一九二四年にマサチューセッツのニューベッドフォードで生まれた彼女は、ハイスクール時代にすでに自身のダンススクールを開設するほどダンスへの情熱に溢れていた。卒業後ハリウッドに出たヘイニーは振付家ジャック・コールに見いだされ、ジャック・コール・ダンサーズの一員としてナイトクラブなどで踊ると共に、彼の厳しい指導を受けた。その実力は、グウェン・バードンを引き継いでコール自身のダンスパートナーを務めた事実からもわかる。

ＭＧＭと契約する前には、コロンビアやワーナーでコーラスとして踊り、スターへのダンス指導も行っていた。しかし十分な実力を備えながら、どのプロデューサーからも「写真写りが悪いのでミュージカルスターにはできない」と切り捨てられてきた。ジーンはコーラスを続けるより、経験を生かして振付けのアシスタントをやってみるよう彼女に勧めた。一九四八年、ＭＧＭと契約した彼女は、「踊る大紐育」ではプロダクションナンバー〝ニューヨークの一日〟に登場し実力の片鱗を見せている。五十年に正式にジーンのアシスタントとなると、本格的に振付けの仕事に携わるようになった。

「巴里のアメリカ人」でヘイニーはレスリー・キャロンのほかジョルジュ・ゲタリの指導も行っている。ステージで演じられるナンバー〝天国への階段〟でゲタリは、美女が居並ぶ階段を歌いながら上り下りしなければならなかった。彼はこの動きが苦手で、ジーンが「巴里のアメリカ人」の指導で一番苦労をしたと言うほど習得に手こずった。ヘイニーはゲタリ共々疲労で倒れたと言うほど徹底的に指導し、彼女自身の動きをゲタリに完全に模倣させた。またこの場面での動きをすべて掌握していたため、撮影時には一段ごとに変化する階段の照明までまかされている。

ミネリは美術監督のプレストン・エイムズらと共にパリの町の再現に取り組んだ。

エイムズは五年間パリで美術を学んだ経験があり、いくつものパリの通りをMGMの野外撮影所に忠実に作り上げていった。映画の前半、ジーンがモンマルトルの坂道に絵を展示する場面では、坂道の奥にサクレ・クール寺院の映像が合成され、フランス人でさえ実際にパリで撮影したと勘違いするほどの出来映えになった。セーヌ川の河岸を再現するため、アルシュヴェシェ橋と背景のノートルダム聖堂を長さ三十mの円形パノラマとして描き、前景の河岸からの眺望に現実感を持たせようとした。だが、河岸からセーヌ川、ノートルダム聖堂と続く眺めには、どうしても深みが足りなかった。作り物のセーヌ川はモーターで波立たせたものの、水が流れているようには見えなかった。科学技術監督のジョージ・ギブソンは熟考を重ね、ある工夫にたどり着いた。

「二十五フィートの高さに灯りをいくつか置いて水面に反射するようにした。それから小さな照明器具のガラスを黒く塗って水の中に置いたんだ。光源を二ヶ所にしたことで川岸との距離感が生まれたんだよ(38)」

川面に映る光が鈍く輝きながら幾筋かゆらゆらと揺れ、川の深みや距離感に現実味が増した。

衣装デザインは種類も数も多かったため、三人のデザイナーに分担された。フォッシュ、キャロンの服をオリー＝ケリーが、美術学校の仮装パーティーはウォルター・プランケットが、バレエシーンはアイリーン・シャラフがそれぞれ担当した。

第二撮影班はパリに送られ、映画の冒頭パリの風景を俯瞰するシーンや、フォッシュの高級車がジーンを乗せてオテル・リッツに到着するシーンを撮影した。望遠での撮影のためこの場面ではジーンもフォッシュも代役が演じているが、フォッシュ役を演じたのはたまたま姿形が似ていたカメラマンの妻だった。

八月一日からドラマやミュージカル・ナンバーの撮影が始まった。レスリー・キャロンが髪を勝手に短く切ってしまい撮影が休止するというアクシデントもあったが、概ね順調に進んだ。最後のバレエ・シーンを除いて大半のミュージカル・ナンバーの撮影も進行していった。レヴァントは自身の演奏シーンに使う曲をさんざん迷ったあげく〝ピアノ協奏曲へ調〟に決めた。オーケストラの全パートを一人で演じるというアイデアも自ら考えたものである。

ミネリが「可愛い配当」（'51）を監督するため、撮影は九月中旬で一旦休止されることがあらかじめ決まっていた。しかし、期限が近づいてもラストに置かれるバレエについても何も決まっていなかった。どんな構想やストーリーなのかさえわからなかった。たまたまニナ・フォッシュが子役から水疱瘡をうつされ三週間休むはめになった。フォッシュが関わらないシーンを撮り進めたが最終的に三日間の空白が生まれた。その間にジーン、ミネリ、アイリーン・シャラフの三人はミネリのオフィスにこもり、バレエの構想を練った。ミネリ言うところの「自分が知る限り最も幸運な水疱瘡[39]」である。

三人は知恵を絞った。ジーンはバレエのための新たな物語作りを提案したが、ミネリが反対した。新しいストーリーでは観客が混乱してしまう。かといって映画のストーリーをなぞるだけではくどくなるだけだ。そこでジェリーの打ちひしがれた気持ちをモチーフにバレエを展開させることが決まった。

リーズが去りパリは彼にとってこれまでのような暖かい街ではない。その心象を白黒のスケッチで表現し、そこから色彩を持った偉大な画家たちの世界に入っていくのだ。だが、二つの世界をどうつなげるかが問題になった。ジーンは肖像画の作成中にリーズが落としたバラを手がかりにすることを思いついた。ミネリはジェリーが破り捨てる木炭画のスケッチに注目した。この二つを手がかりにジェリーがバレエの世界に入って行くことになった。

モノクロからカラーへ移行する撮影は技術的に解決できたが、最大の問題はその後、何を踊るかだった。そこで発想の助けになったのがガーシュインの音楽の響きだった。そこから連想するものを手がかりに次のようなストーリーが出来上がった。

最初のコンコルド広場では、リーズを探し求めるジェリーとそこに行き交う多彩な人々を喧噪の中に描き、次のシーンでは静かな花市場でリーズと二人ロマンティックに踊る。次にGI仲間が加わり、アメリカ人を象徴する明るく快活な踊りがパリの街角から動物園の前で繰り広げられる。続いて情熱がほとばしる噴水上でのパ・ドゥ・ドゥ。さらにオペラ座前からキャバレーにかけて楽しいダンスが繰り広げられ、最後は元の広場に戻り皆が華やかに踊る。すると突然すべての人と色彩が消え、残されたジェリーはリーズを失った現実を噛みしめながらバレエを終える。精神の高揚から幻滅へと心象風景を幻想の中に描くことになった。

三人はバレエの場面を書き出し、それぞれモチーフとなる画家を当てはめていった。コンコルド広場はデュフィ、花市場はルノワール、街角はユトリロ、動物園はルソー、オペラ座はゴッホ、そしてキャバレーはロートレックに決まった。さらに個々の画家のイメージに合わせ、シャラフが衣装や背景装置をデザインしていった。衣装の着想も音楽の響きが源になった。消防士、警官、異国の男、ジェリーの前に立ちはだかる女たちなどの衣装がデザインされ、それらをどう使うかは振付けのジーンにまかされた。

各部門の担当者が集まる会議も定期的に開かれた。ジーン、シャラフのほか、音楽、美術、セットの担当者がそれぞれに話し合い、バレエの具体的な形が次第に出来上がっていった。二、三週間の内にバレエの背景や装置が多数のスケッチや模型として目に見えるものとなった。それをミネリに見せ実際の撮影に耐えうるかどうかの判断を仰いだ。おかげで「可愛い配当」の撮影はしばしば中断するはめになった。さらに最終的な会議がもたれ、撮影に必要な日数、人員、そして予算が明らかになった。

ジーンとミネリは衣装や美術のスケッチをドーア・シャーリーに見せ、二十分にも満たないバレエに五十万ドル近い予算が必要だと訴えた。二人がバレエの筋立てを一コマ一コマ説明するのを聞いた後に、シャーリーは言った。

「一体全体君たちが何に夢中になっているのか私にはわからん。だが話は面白そうだし、スケッチも良くできている。話を進めるしかないだろう？(40)」

しかしこれで最終的な許可が下りたわけではない。本社にいるニコラス・スケンクの承認を得るため、予算の概算がニューヨークに送られた。そこでさらに一悶着あった。製作にはすでに一九五万ドルが使われており、バレエシーンを追加するとなると、衣装を除いた当初の見積りでも四十二万ドル近くが必要だった。本社にすれば映画はすでに完成したも同然で、このままの形で公開できるはずだった。スケンク、メイヤー、シャーリーの間で激しいやり取りがあった。しかしフリードは意見を曲げず、メイヤーは彼を応援した。シャーリーも次のようにスケンクを説得した。

「スケンクに言ったんだ。〝この映画はバレエがあるから偉大な作品になるんだ。バレエがなけりゃだめなんだ。バレエがなかったら、ちょっとよく出来た程度の映画にしかならない。だから我々はバレエに賭けてるんだ〟ってね(41)」

しかし、何と言っても想像力に欠けた経営陣を納得させた一番の材料は、映画「赤い靴」の存在だった。四十八年に公開され米国内だけで約五百万ドルの興行収入を挙げた同作は、長いバレエ・シーンがあっても儲かる映画が存在することの証だった。「巴里のアメリカ人」のバレエがどんなものか判らなくとも、これほど経営陣を説得できる材料は他になかった。そういう意味で「赤い靴」は、作品にとっての芸術的な先行者であると共に、経済的な意味でジーンらの同伴者であった。
バレエの製作は決まったものの、この映画にバレエ・シーンが加わることに賛同する者は仲間内にさえ少なかった。ジーン、ミネリ、フリードの三人はバレエが入る前の仮編集フィルムをベティ・コムデンとアドルフ・グリーンに観てもらった。見終わった二人は作品を褒めちぎり、さらにコムデンが言った。

「このまますぐに公開しちゃいなさいよ」
「でもこの後が一番すごいんだ」とミネリが言うと彼女が答えた。
「あなた達本当にバレエが必要だと思ってるの？　私はそうは思わないけど[42]」

同じように、ジーンはスタジオを訪ねたアーヴィン・バーリンの言葉を覚えている。

「君らは歌詞もつけずに十七分も音楽をやってるんだって？（彼はバレエという言葉を使わなかった）。まあ、幸運を祈るが、上手くはいかないと思うよ[43]」

ミネリが不在の間、ジーンはバレエの振付けに専念した。場面ごとの衣装や色彩を考慮して考え抜いたアイデアは、アシスタントのジニー・コイン、キャロル・ヘイニーと共に実際のステップに作りあげられた。一度に多くのデザインがシャラフから渡されると、ジーンはそれらをコピーし、物干し用のひもに掛けて整理しながら振付けを考えた。またリーズを紹介するナンバー〝エンブレイサブル・ユー〟を撮影し、振付けばかりか監督も務めた。実際のところジーンがバレエの監督をすることも可能だったが、そうはせずミネリの復帰を待った。同僚、友人としてのけじめでもあったが、それ以上にミネリの色彩感覚に敬意を払っていたからである。ジーンとシャラフが準備万端に整えておいたはずの現場も、ミネリの手が入るとさらに磨き上げられた。ジーンもミネリもジョン・マレイ・アンダーソンを師と仰ぐが、その色彩感覚を受け継ぐミネリにジーンは一目置いていた。

十一月二日にリハーサルが始まった。主要な音楽の業務は主にソール・チャップリンが担当した。彼はジーンの撮影現場があるサウンド・ステージに自身の仕事場を構え、場面に合わせて編曲や曲の書き換えを行った。オーケストレーションを担当するコンラッド・サリンジャーはしばしば撮影現場に呼ばれ、曲調や音の響きが撮影シーンと違和感がないように絶えず調整を行った。

音楽監督のジョニー・グリーンは、ＭＧＭオーケストラの団員を入れ替えてまで最高の音色を追求した。背景や装置も作り上げられていった。コンコルド広場のシーンでは、デュフィの水彩画を模した高さ十二m、幅九十m近くもの背景が作られた。ジーンの記憶によると、当時ハリウッドにいたファニー・ブライスは毎朝スタジオに来て何時間も製作現場を見つめていたという。

十二月六日にミネリが復帰し撮影が再開された。最後のバレエだけのためにカメラマンとしてジョン・オルトンが加わった。「花嫁の父」（'50）でミネリと仕事を共にしたオルトンは、「光で絵を描く」ことをモットーに撮影を行い、照明にも独自の理論を持つ名カメラマンだった。それまで白黒映画しか経験がなかったオルトンは、試行錯誤しながらカラー撮影を行っていった。

レスリー・キャロンは戦争中の栄養不足が影響し貧血気味で体力がなかった。さらにスタジオの床は固くて滑りやすく、足首やふくらはぎに過度の負担がかかった。滑り止めに砂を混ぜた塗装が施されたが、それはそれで回転しにくくなり、踊りにくいことに変わりはなかった。体力のないキャロンのため、彼女の撮影は一日おきに行われた。それでも動物園前での踊りは、コーラスとくらべテンポが遅れがちになった。

一九五一年一月二日にバレエの撮影を終えた「巴里のアメリカ人」は、一月八日にクランクアップとなった。

終了後、仮編集フィルムを見たラーナーは、その時の印象を次のように語っている。

「カリフォルニアに戻ると〝恋愛準決勝戦〟の仮編集フィルムを見た。同じ日に〝巴里のアメリカ人〟も見たんだ……。まあ、〝恋愛準決勝戦〟を見た時は自殺したくなったよ。映画に関する限り自分が素人だっていうのが身に沁みてわかった。でも〝巴里のアメリカ人〟を見た時は、友達のリリー・メシンガーの方を振返って言ったんだ。〝これはアカデミー賞を取るよ。今まで見た中で最高のミュージカルだ〟ってね(44)」

二七〇万ドルの製作費を要した「巴里のアメリカ人」は、一九五一年十一月に一般公開されると興行収入八百万ドル以上を記録する大ヒット作となった。だが、公開後の批評では終盤のバレエに高い評価が与えられたものの、その他の部分でいくつかの欠点が指摘された。たとえばニューヨーク・タイムズの映画評を担当したボスリー・クラウザーは、バレエやレスリー・キャロンの魅力を絶賛する一方で、ドラマや登場人物の凡庸さ、一部のナンバーへの不満について記し、ラーナーの脚本が饒舌で薄っぺらいと批判している。今日においてもこの作品は「踊る大紐育」や「雨に唄えば」

と較べ革新性に乏しく、作品としてのまとまりにも欠けるといった評価が多い。そこで、このような評価が生まれた原因について少し考えてみたい。

「巴里のアメリカ人」は画家の卵がフランス娘に恋をして最後は真実の愛を手にするという、表向きはハッピーエンドの物語である。だがそもそもラーナーが脚本を書き始める時点で思いついたのは、「囲い者の男が囲い者の女と恋に落ちる話[45]」であった。本来ならかなり危うい話である。仮にそのまま今の時代に映画化されていれば、マイロとジェリーの「囲い、囲われる」関係はより深く書き込まれ、赤裸々に描写されていただろう。同じようにアンリとリーズの関係も、戦争中の恩義のために遙か年上の男と結婚しなければならない葛藤が、全面に押し出されていたかもしれない。そんなジェリーとリーズが出会い、行き場のない恋が生まれ、その結果マイロもアンリも傷ついていく。

事実、ラーナーの脚本では本来そのような苦悩や葛藤も、もう少しきちんと描かれていた。たとえば映画の終盤、美術学校でのパーティーの場面である。マイロとパーティーへ出かけたジェリーだが、リーズと出会い、自分を偽っていることに耐えられなくなる。彼はマイロにリーズを愛していることを告げ、ショックを受けたマイロはジェリーのそばを離れる。この後に続く次のようなシーンが撮影されたと、マイロを演じたニナ・フォッシュは語っている。

「……ジーンを失ったことに気づいた私は酔っ払うの。オスカー・レヴァントとテーブルを囲んで、男について語るの。どうして私は男に愛されないかって。ミネリが言ったのよ。〝よしカメラを回そう、リハーサルはなしだ。やってみて〟、素晴らしいやり方だわ。そうやって私たちは演じたの。すごく上手く出来たの。本当にすごかった！　これまでの私の演技で最高の出来だった。騒がしく愚痴を言って、泣きながらくだを巻いて、半分笑って。とっても寂しい女の子だって、急に思いついたの。お父さんに愛してもらえなかった女の子よ。台本にはないの。だけど彼女はそういう女だっていうのが解るのよ。

紙吹雪の一片がシャンパングラスに落ちて、それを取りだして見つめるの。私はじっとしているだけで、オスカーが間を取ってくれたわね。私は顔を上げて考えるの。自分のグラスにあるものは何だろうって。〝あら、薬だわ〟そうして薬のつもりで飲み込むの。素晴らしい瞬間だった。このシーンを見て、この仕事をうまくやり遂げたことが納得できたわ。私がどれだけうろたえたり、打ちひしがれていたかをこのシーンで見せたのよ。引き出してみせたの……」(46)

しかし、フォッシュ会心の演技は最終的にカットされ、フィルムは「編集室の床にうち捨てられた」。この時フォッシュにはフリードからお詫びの手紙が届いたという。フォッシュの演技を絶賛した上で、マイロに観客が必要以上に感情移入してしまうと、ジーンとレスリーの行動に共感が得られず、作品本来の方向性から逸れてしまうとあった。ハッピーエンドが成立しなくなることを危惧してフリードはこの場面を削った。

このように完成作としての「巴里のアメリカ人」では、本来存在するはずの登場人物の心のすれ違いや葛藤を掘り下げて描くことはなかった。ストーリー全体がオブラートに包まれ、苦みはできるだけ抑えられた。製作陣が目指したのはあくまでハッピーエンドのミュージカル・コメディーだった。

そうなった理由を探ってみたい。まず考えられるのは、「時代の風潮」である。そもそも当時のミュージカル映画に、観客も製作者も深刻な心の葛藤やリアルな人間関係の描写を求めてはいない。大衆娯楽の中心であったミュージカル映画に観客は明るさ・楽しさを期待し、映画会社もその感覚を共有しながら、その延長線上で作品が利益を生むことを期待していた。そこに赤裸々で深刻な人間関係を描く余地は乏しかった。ちょうど古典的スタジオシステムが衰退し始めた一九四〇年代末から五十年代初めは、ミュージカルに明るさ、楽しさだけを無邪気に求めていた最後の時代だったのかもしれない。

次にプロダクション・コード（映画倫理規定）の影響である。映画業界が自主的に作成した映画倫理規定は俗に「ヘイズ・コード」とも「プロダクション・コード」とも呼ばれ、過度な性的表現を抑え、異人種間の性的関係、過激な暴力などの描写を禁止していた。政府や宗教団体が映画産業へ介入するのを防ぐ目的で、業界が作成した自主規制である。プロダクション・コードは一九三四年から正式に適用され、名目上は一九六八年まで存続していたが、映画産業の衰退や社会の変化によって五十年代後半以降次第に有名無実化していった。

しかし、一九五〇年の時点では未だ映画製作の現場で大きな影響力を持っていた。たとえば作品中〝エンブレイサブル・ユー〟の曲に乗せてリーズの人となりを紹介する場面で、キャロンが椅子を使って踊るダンスがセクシーすぎるとして、撮り直しが行われている。後にラーナーが脚本を手がけた「恋の手ほどき」（'58）では、原作にあった主人公の少女が高級娼婦となるよう育てられている事実が映画の中では曖昧にされている。「巴里のアメリカ人」でも大人のセクシャルな関係を突き詰めて描くことに規制がかかり、ジェリーとマイロの関係はあくまで画家とパトロン以上のものに発展させることはできなかった。ラーナーはそのような規制の中で脚本を作り上げねばならなかった。

もちろん作品の問題は時代の制約やプロダクション・コードによる脚本の規制に限ったことではない。配役の失敗もある。本来アンリ役はシュヴァリエに演じてもらうはずだった。仮に撮影に入っていたら六十二歳になるシュヴァリエと十九歳のキャロンの外見の差が、アンリとリーズの奇異な関係を説得力をもって観る者に語ったはずである。だが、三十五歳のゲタリが演じることで二人の関係の奇妙さは消えてしまった。戦争中にかくまわれた時に愛情が生まれ、二人は婚約したのだとリーズは語る。しかし、それは敬愛と恩義の混淆であって純粋な恋愛とは異なることが、ジーンとの関係が進展する中で明らかになるというのが作者の本来の意図だったと思われる。しかしジーンよりも年下のゲタリでは、キャロンの葛藤に説得力を持たせることはできなかった。製作側は少しでも老けて見えるように、ゲタリの髪の一部を白髪に染めさせたというが、年の差が明瞭に意識されるほどの効果は出ていない。年齢差があることで生じたはずの葛藤は生まれず、単にキャロンがジーンとゲタリのどちらを好きかという選択の問題になってしまった。ここでもドラマに深みは生まれなかった。

他方、外見と役柄の説得力の関係を考えると、マイロをニナ・フォッシュにした配役は成功と言えるだろう。一九二四年生まれのフォッシュは撮影時二十六歳にすぎないが、三十八歳のジーンを相手にしてもその物腰から年齢差を感じさせず、パトロンとしての役柄を観客に十分納得させる力があった。演技力も含めた外見の説得力が映画にどれだけ大切かがわかる。

ミュージカル・ナンバーにも作品全体から見て無駄と思われるものがある。オスカー・レヴァント扮するアダムが、コンサートで〝ピアノ協奏曲へ調〟を演奏している自身を夢想するシーンである。デュフィの作品をイメージし、黄色を基調とした背景に包まれ、レヴァントがピアニストのみならず、楽団員、指揮者、観客まですべてを自分自身で演じるこのナンバーは、その着想とガーシュイン音楽の紹介という意味では確かに面白い。しかし、この場面の最終的な目的はレヴァントの見せ場を作ることであって、作品自体の展開に寄与しているとは言えない。物語のテンポも落ちてしまった。

映画のテンポを落とした点では〝バイ・シュトラウス〟も同様である。ジャズが良い、ワルツが良いという話から、ジェリー、アンリ、アダムの三人が歌い出し、ついにはカフェのお婆さん達も巻き込んで踊り出すこのナンバーは、三人の関係やパリ生活の楽しさを描く意味はあるものの、ジーンの演技もあざとく、冗長さを感じさせる。

一部の場面を削ったために、登場人物の行動がわかりにくくなった部分もある。〝忍びよる恋〟のナンバーは、客のいないカフェでアダムがピアノを弾き、アンリが歌い、リーズが椅子の上で膝を抱えて聞く様子が撮影された。この場面が存在すればアダムとリーズが互いに顔見知りであることを観客も知ったはずである。ところが削除されたため、後の場面での彼女の行動が唐突で不可解なものになってしまった。映画の後半ジェリーがリーズをアパート下のカフェに連れて来るが、アダムが居るのを見たリーズが黙って立ち去ってしまうシーンだ。観客にはどうして急に彼女がいなくなったのか理解できず、不可解な思いを抱く。

書き込みの浅いストーリーや人物像、物語のテンポを落とすナンバーの存在、説明不足の編集——確かに「巴里のアメリカ人」には多くの欠点がある。だが、それを補ってあまりある優れたナンバーや演技が存在するのもまた事実である。

たとえば〝アイ・ガット・リズム〟。謂わばジーンが得意とする「子供扱い芸」の集大成ともいえるナンバーだ。マイロに会ったジェリーは高級車でアパートまで送ってもらう。珍しいもの見たさで集まった子供たちに、彼は英語を教え始める。子供たちに「アイ・ガット」と言わせその後を歌い継ぎながら、カウボーイやチャップリンなどの形態模写をタップに乗せて踊る。子供たちの自然で楽しげな反応を引き出し、場の明るい雰囲気を作り出していくお手並みは見事としか言えない。これまで何作ものミュージカル映画に使われ手垢のついたこの曲に、新しい息吹を感じさせることができた。

リーズとデートの約束を取り付け有頂天になったジェリーが、アパートでアダムのピアノに合わせて踊る〝トゥラ・ラ・ラ〟。ピアノの上や部屋の狭いスペースを利用しながら柔らかに快活に踊るジーンのタップの鮮やかさと共に、自身の喜びを観客に伝達する能力において彼がどれほど優れているかがよくわかるナンバーである。

初めてデートをした二人がセーヌの河岸で歌い踊るナンバー、〝我が愛はここに〟。二人のたわいのない会話からジェリーの歌となり、彼の思いが歌詞としてそのまま語られる。ついでジェリーがリーズの腕を取りダンスが始まる。そっと肩に回す腕の柔らかさ、同調した呼吸、後ろ手のままの距離感――これらがすべて二人の気持ちや関係を表現している。ロマンティックなダンスの振付けとして優れているばかりか、ストーリーの展開、心の交流、関係の深まりをすべてダンスを通して表現したという意味でミュージカル映画史上の傑作と言って良いナンバーである。

ミュージカルナンバーだけではない。カフェでジェリーがアダムに恋の悩みを打ち明けるシーン。付き合っているのがリーズと聞いて驚くアダムは思わずコーヒーをこぼす。後から仲間に加わったアンリは結婚が決まったと宣言し、ジェリーに対し積極的に行けと助言を始める。同じ女性のことだと知っているアダムは二人の間で一言一言に動揺する。コーヒーとブランデーとタバコを交互に口にし、コーヒーをこぼし、タバコをカップに落とす。いつも仏頂面のレヴァントが表情を変えずに示す慌てぶりが楽しく、彼ならではの味わいがある。その後ジェリーとアンリは朗らかに〝スワンダフル〟を歌い始めるが、間に挟まったレヴァントの思い詰めたような表情も忘れられない。楽曲の明るさ、俯瞰からの希望に満ちた終わり方との対比が見事である。

そして最後のバレエに向かってストーリーは進んでいく。再び河岸で会った二人だが、リーズはアンリとの結婚を打ち明ける。アンリと聞いてそれ以上何も言えないジェリーは、自分にも援助してくれる女性がいるので大切にしたいと、心にもないことを言って別れる。

マイロの部屋に向かったジェリーは半ば強引に彼女を美術学校のパーティーに誘い、初めてキスをする。愛を受け入れてくれたと喜ぶマイロはジェリーと大晦日のパーティーへ出向く。会場は多数の木の枝を白黒に塗り分けて配置し、参加者も白と黒の衣装で仮装している。後に控える色彩に富んだバレエシーンとの対照を意図したのだという。白と黒で埋め尽くされていながら寒々しい印象がないのは、多数の人間が画面に詰め込まれ、熱気が伝わってくるからだ。二階の手摺りから飛び降りる女と下で受け止める男のアクロバットが場面の「乱痴気感」をさらに盛り上げる。この騒ぎを背景にするとアダムとマイロのシニカルなやり取りもいくぶん救われる。

マイロにリーズを愛していることを告白したジェリーは、一人パーティーの喧噪を離れ、パリの街を見下ろすバルコニーに立つ。側にあった紙にスケッチを始めるジェリー。その姿を見かけたリーズはジェリーの元に来る。「パリは人を忘れさせていくわ」とリーズ。「ありえない、忘れるには美しすぎる」とジェリー。最後の抱擁を交わしリーズは去る。ジェリーはバルコニーでうつむいたまま外を向く。カメラがわずかに左にパンすると柱の陰から煙がたなびくのが見える。さらにパンすると柱の裏でタバコを吸うアンリの姿。彼がすべてを聞いていたのが判る。タバコをもみ消しジェリーに気づかれずに去って行くアンリ。よく出来たシーンである。

一人残ったジェリーをカメラは正面から捉える。石段を下りたアンリとリーズが車に乗って去って行く。思い詰めたようなジェリーの表情。風が吹くと先ほど破り捨てたスケッチが吹き寄せられて再び一つになり、凱旋門を望む風景が明らかになる。ふいにジェリーはその風景の中に立つ。木炭画のモノトーンな画面の中、目の前に落ちたバラだけが深紅に染まっている。リーズの肖像を描いていた時彼女が手にしたバラ――思わず手に取るジェリー。突然画面は色彩に溢れ、めくるめくバレエが始まる。

基本的なストーリーは、リーズを求めてジェリーがパリの街を訪ね歩くが、見つけ出すたびに彼女は消えてしまうという内容。場面のつなぎに消防士の行進や、怒りを象徴する女達が使われる。コンコルド広場では交通整理の警官、消防士、異国の男、白と赤のドレスの女達に翻弄される。次の花市場でリーズと抱き合うものの、いつの間にか彼女は消え、バラの花だけが残る。

街角に戻ると四人のＧＩが現れ、意気投合したジェリーら五人は快活にタップを踏む。踊りながら現れた先が動物園の前。ここでリーズと出会ったジェリーは共に楽しく踊り、さらに扇情的な調べに乗って噴水の上でパ・ドゥ・ドゥを踊る。ここからしばらく二人は一緒に過ごす。オペラ座の前からロートレックの素描の世界に入り、ショコラの格好をしたジェリーが踊る。

舞台でカンカンを踊るリーズとしばらく絡んだ後、二人は再びコンコルド広場に戻る。噴水の上の二人は場面を埋めるダンサー達と共に踊るが、皆一瞬で消えジェリーだけが残される。元のスケッチの場面に戻った彼がバラを拾おうとすると画面は突然モノクロームの世界に戻る。バラを持った彼をズームアップし、画面にバラだけが大きく映ってバレエは終わる。

振付けについて見てみよう。コンコルド広場ではテンポの速い音楽に合わせモダン・ダンス風に踊る。土地の起伏をスタジオに再現し、人の配置も奥の背景から手前に向かい四列、五列と重層的である。その中をダンサーが左右、前後、斜めと縦横無尽に動き、さらに起伏による上下の動きも加わるため、混沌としながら多面的で奥行きや広がりが感じられる。映画ならではの振付けである。リーズを追いかけるジェリーの緊迫した雰囲気から突然場面は変わり花市場になる。静かな管弦楽の響きの中、リーズとジェリーはクラシックバレエのテクニックでロマンティックに踊る。前の場面から一転して動きが少なく、ほっと一息つける。

リーズが消え意気消沈していると急に明るい音楽が流れ、四人のＧＩと踊るシーンではモダンダンスからタップダンスに移行する。ジーンは印象派絵画の中でどうしたらアメリカ人らしさを表現出来るかと考えた。その答えがＧＩ仲間を加えることとタップの使用だった。カンカン帽にステッキを持ってジョージ・Ｍ・コーハン風に堂々と踊る姿はいかにも楽しげである。

街角から動物園へのつなぎに消防士の行進を使い、その動きを追っていくことで場面転換が容易になった。動物園の前で行進してきた消防士とリーズら女性ダンサーの列が踊る。周囲に様々な人や背景が置かれるが、視点は決して散漫にならず中央に集まるように撮られている。ジーンのタップとキャロンのバレエ風の爪先立ちのステップが上手く融合され、違和感がない。そこから噴水の上でのパ・ドゥ・ドゥに続く。

トランペット奏者のユアン・レイシーはジーンからもっとセクシーにと要請され、下品にならぬように気をつけながら演奏したという。その扇情的な響きに乗せてジーンとキャロンの体が溶け合い、噴水上の彫刻と絡まる。セクシーさにおいてジーン・ケリー振付けの白眉と言える。

ゴッホからロートレックの世界に入り、ここでジーンがショコラに扮する。フランス初の黒人芸人として一世を風靡したショコラをジーンが踊ったのは、音楽の響きがショコラを踊ることを求めていると感じたからだと言う。振付けにあたっては、ヘイニーの力強いダンスのスタイルが大きな助けになった。絵の中の人物がそのまま動きだしたようなダンス。カンカンを踊るキャロンも楽しそうだ。

コンコルド広場に戻ると色鮮やかな登場人物が勢揃いし、噴水上の二人と共に踊る。俯瞰で捉えた映像に観客の意識も広がる中、ジーンの喜びが溢れる。そこから突然の喪失と孤独。対照が見事である。

このようにバレエは場面ごとに画風、色彩、曲調が変わり、ダンスのスタイルも入れ替わるため、変化に富んで飽きることがない。ダンサーの動きも混沌と集中が繰り返され単調になるのを防いでいる。その上での美術・衣装の美しさ、ダンサーの力量。時代を超えた魅力を保ち続ける素晴らしいプロダクションナンバーと言える。

さらにこのバレエが映画の最後に存在することによって、作品自体に重みが加わった。それは単にこの映画に素晴らしいミュージカルナンバーが加わったというだけの意味ではない。重みは感覚的であると共に、どこか実際に映画が重量感を持ったような、いわば物理的なとでも言いたくなる重みである。その重みによって映画はしっかりと地に根を張り、物語がたどり着くべき集約点が生まれた。その結果バレエとドラマが互いを照らし合い、相補う関係が生まれた。

企画当初、ジーンはパリでのロケを希望したが、撮影時の障害や予算の高騰を理由にスタジオ製作が決定された。しかし「踊る大紐育」の場合と異なり、このことが結果的に成功に結びついた。ＭＧＭ各部門が総力を挙げて作り上げた仮想のパリのおかげで、ダンス表現の可能性を広げることができた。主人公の心象風景を掘り下げて描くことに成功した。ドラマでできなかったことをダンスで成し遂げることができた。

このような成果を得られた理由を考えると、もちろん指揮を執ったフリードやミネリ、振付け担当のジーンの功績は大きい。しかし、彼らの構想を具体的な姿として映像に表現できたのは、MGM各部門の名人芸があればこそだった。MGMの総力を結集することができたからだった。その意味で「巴里のアメリカ人」は、かろうじて保たれていたスタジオシステムの力量をまざまざと見せつけた映画だったと言える。いささかまとまりに欠けるという欠点を持ちながらも、古典的スタジオシステムが崩壊していく瀬戸際に現れた、まさにスタジオシステムの金字塔と讃えても良い作品だった。

一九五二年三月のアカデミー賞で、「巴里のアメリカ人」は一般の予想を覆し作品賞に選ばれた。「欲望という名の電車」や「クウォ・ヴァディス」、「陽のあたる場所」など名作揃いのノミネート作品を押しのけての受賞である。さらに撮影、美術、衣装デザイン、脚本、音楽の各分野で受賞したばかりか、アーサー・フリードにアーヴィン・サルバーグ賞が、ジーンに対しては栄誉賞が贈られた。「俳優、歌手、監督、振付けの各分野に多彩で輝かしい功績を残し、ミュージカルの創造と進歩に大きく貢献した」ことがその理由だった。

米国公開から数ヶ月後、休暇でパリに滞在していたフリードとジーンは、画家のラウル・デュフィに「巴里のアメリカ人」を見てもらう手はずを整えた。「色彩の魔術師」

と謳われたデュフィは、二十世紀のフランス、フォーヴィズムを代表する画家である。バレエの中で、コンコルド広場のシーンはデュフィのスタイルを模してデザインされたものの、彼自身はコンコルド広場を描いていない。上映はＭＧＭのフランス事務所地下の映写室で行われた。最晩年のデュフィは看護師に付き添われ車椅子のまま映写室に入った。

ジーンの記憶によれば、

「……アーサーも僕も心配で文字通り冷や汗ものだった。とにかく僕らはここにいて、世界的な画家に対して、その絵を僕らがどう細工したかを見てもらったんだ。そう、嬉しそうに笑って、とっても喜んでたよ。部屋の灯りが点くと、彼はもう一度バレエを見せてくれないかって頼んだんだ。もちろん僕らは大喜びで見せてあげたよ。すごい仕事をしたって思ってくれたんだね(47)」

第八章　雨に唄えば

〝雨に唄えば〟はアーサー・フリードが作曲家ナシオ・ハーブ・ブラウンとのコンビで生み出したヒット曲の一つである。一九二七年にロサンゼルスで上演された「ハリウッド・ミュージック・ボックス・レヴュー」のために作られた同曲は、MGMスター総出演の映画「ハリウッド・レヴュー」（'29）をはじめ、いくつかの映画の中でも歌われている。それから二十年後、フリードはこの曲名を冠したミュージカル映画の企画を立て、一九四九年一月までにそのためのプロットを作らせた。内容は一九二八年にMGMが公開した無声映画「好いて好かれて」の翻案である。

映画のストーリーは次のようであった。

綱渡り芸人の主人公がダンサーの女性と結婚するが、妻は映画スターの相手役に抜擢され成功への道を歩む。夫婦仲も危うくなった二人だが、主人公の大舞台に妻が駆けつけ最後はハッピーエンドになる。

四十九年二月にMGMの製作予定作品リストに載った「雨に唄えば」は、一時、アン・ミラーが出演するとの情報も流れた。しかし、フリードは脚本家を指名することもないまま、六月までにこの企画を中止してしまう。題名と自分の曲を使う方針だけは変えずに、全くのオリジナル脚本で作り上げることにしたのだ。その後の詳細は明らかではないが、ベティ・コムデンとアドルフ・グリーンが脚本の依頼を受けハリウッドを訪れたのは、翌一九五〇年の五月末だった。

二人を前にしたフリードは、

「さて君たち、次の映画は〝雨に唄えば〟という題名になる。全部私の曲で作るんだ(48)」

と言ったものの、それ以外のことは何も決まっていなかった。二人にしてもシナリオ作りに何か当てがあるわけではなかった。グリーンは後に当時のことを次のように語っている。

「僕らにわかっていたのは、映画のどこかで誰かが雨の中でこの唄を歌うんだろ

うなということだけだった」(49)

二人は副プロデューサーのロジャー・イーデンスが弾くピアノや歌で、何時間もフリードの曲を聴き続けた。曲のイメージからストーリーの発想を得ようと試みた。考えあぐねた末にたどり着いた先は、曲が作られた一九二〇年代末から三十年代始めのハリウッドだった。ちょうど無声映画がトーキーに移行する時期である。当初考えたプロットは、売れない西部劇俳優がトーキーになって歌うカウボーイとしてスターに登りつめるというものだった。だが、それ以上に発想が広がらず、このアイデアは捨てられた。代わりに、この時期に起きた撮影時の混乱など技術的な側面に着目しようと考えた時、アイデアが回り始めた。

一九一四年生まれのグリーンと一九一七年生まれのコムデンにとって、この時期のことは記憶に鮮明だった。二人が子供時代から思春期にかけて見た映画の中に、面白いネタはいくらでも転がっていた。サイレント時代の大スターが下手な台詞回しや言葉のなまり、イメージに合わない声質のせいで一夜にして消えていった。逆にグレタ・ガルボなどは、スウェーデンなまりが自身のキャラクターにピタリとはまり人気を保ち続けた。それから十年も経たない内に、コムデンとグリーンはレヴューアーズを結成し、この頃の出来事を題材にしたコントを演じていた。スターの口の動きと録音したセリフがずれたり、マイクからの距離によってセリフや効果音に強弱が生まれるといったギャグはそのまま脚本に生かされた。八月に第一稿が出来上がったが、その後も修正を繰り返し脚本が一応の完成を見たのは十月であった。

無声映画のスター、ドン・ロックウッドはファンが詰めかけた新作映画のプレミア公開の場でインタヴューを受ける。側には恋人役のスター、リナ・ラモントや下積み時代からの相棒コズモ・ブラウンがいる。リナはドンが自分のことを愛していると、一方的に思い込んでいる。上映後、押し寄せるファンから逃れたドンは、たまたま乗り合わせた車でキャシー・セルダンという娘と出会う。自分は舞台女優を目指しているると嘘をつき、サイレント映画の演技を馬鹿にするキャシーに腹を立てるドンだが、反面どこか気になる存在となる。

完成記念パーティーに赴いたドンは、余興のためナイトクラブから派遣されてダンスを踊るキャシーを見つける。キャシーを追うドンだが、嘘がばれた彼女はその場を逃げ出す。その頃初めてのトーキー映画「ジャズシンガー」の成功に刺激を受けた社長のシンプソンは、ドンとリナを主演に撮影中の「闘う騎士」を急遽トーキーにすると言い出す。

一方スタジオと契約することの出来たキャシーはドンと再会し、互いの愛情も深まる。トーキー映画の撮影に向けドンもリナもそれぞれ発音教室に通うが、リナの鼻にかかった高音の悪声や訛りの強さは矯正できない。いざ「闘う騎士」のトーキーでの撮影が始まると、録音のトラブルで現場は大混乱に陥る。

完成後、公開試写が行われるが、リナの悪声や無駄に大きい効果音のため客席は嘲笑に包まれる。散々な結果にドンは将来を悲観するが、コズモとキャシーは映画をミュージカルに作り変え、リナの声はキャシーが吹き替えることを思いつく。

社長のシンプソンを説き伏せた彼らは、題名も「踊る騎士」に変えて撮影を行う。ドンとキャシーが結婚を考えていることを知ったリナは、契約を楯にキャシーを今後も自分の吹き替え専門にするようシンプソンを脅す。映画はプレミア興行で大喝采を浴びるが、舞台袖でリナはキャシーに吹き替え専門で使うと宣言する。一人で舞台挨拶に立ったリナは、客席からの要望でその場で歌うはめになる。嫌がるキャシーを幕の後ろに立たせて歌い始めるリナだが、袖にいるドン、コズモ、シンプソンの三人は音楽に合わせて幕を開け、吹き替えであることをばらす。その場にいたたまれないキャシーは劇場から出て行こうとするが、ドンの歌に呼び戻されハッピーエンドで終わる。

脚本の完成後、二人は舞台の仕事のため一旦ニューヨークへ戻った。一九五一年一月に「巴里のアメリカ人」の撮影が終わると、再びMGMにやって来た二人はジーンに脚本を読み聞かせた。コムデンとグリーンによると、当時のジーンは、

「……まあ当然のことだけど絶頂期で、皆が彼に全幅の信頼を寄せていた。もし彼がカフカの〝変身〟の映画化を希望して、目玉は〝百万弗の脚線美を誇るゴキブリのバレエ〟だと言えば、スタジオは良い企画だと思って彼の言うとおりにしただろう(50)」

すぐに興味を示したジーンは、ドーネンも含め四人でアイデアを練り、それを元にコムデンとグリーンが脚本を修正した。

ドンの相棒でピアノ弾きのコズモに、フリードは当初オスカー・レヴァントを考えていた。しかし軽快で皮肉な笑いに満ちたこの作品には、もっと軽やかな演技のできる役者が必要だった。しかもジーンは一緒に踊れる人材を求めていた。ジーンら四人はこの配役に反対し、代わりにユニバーサルのドナルド・オコンナーを推薦した。

一九二五年にシカゴで芸人一家に生まれたオコンナーは、一九三七年に端役で映画に出演したのを皮切りに、映画界とヴォードヴィルの間を行き来した。四十二年にユニバーサルと契約した彼は、十代のダンスグループ〝ジャイヴィング・ジャックス・アンド・ジルズ〟の一員として本格的に映画界にデビューする。ここでアイドル的人気を得たオコンナーは、兵役や舞台への復帰をはさんで一九四七年にスクリーンへ戻った。

以後彼は、主役をはれるコメディアンとして多くのコメディー映画やミュージカルに出演していく。殊に一九五〇年からは、喋るラバ、フランシス・シリーズ（後のテレビシリーズ「ミスター・エド」の原型）に主演し、大衆的な人気を不動のものにした。

またテレビでも「コルゲート・コメディー・アワー」のホストの一人を一九五一年から務めるなど活躍し、歌に踊りに演技にと、その多彩な才能を賞賛されるようになった。しかしユニバーサルには新時代に即した一級のミュージカル映画を製作するだけの力がなく、オコンナーにとってはさらに一段階の飛躍を遂げる舞台が必要な時期にさしかかっていた。

ジーンの恋人キャシー・セルダン役には、スタジオ所属のデビー・レイノルズが選ばれた。一九三二年にテキサスのエルパソで生まれたレイノルズは、後に一家でカリフォルニアのバーバンクへ移り住む。十六歳でミス・バーバンクに選ばれた彼女は、間もなくワーナーブラザーズと契約するが、二本の映画に端役で出演しただけでMGMへ移籍。フレッド・アステア主演の「土曜は貴方に」('50)に顔を出した後、「ツー・ウイークス・ウイズ・ラブ」('50)でジェーン・パウエルの妹役を務めた。

この映画で彼女が歌った〝アバ・ダバ・ハネムーン〟がそこそこのヒット曲となり、映画の宣伝公演ではかなりのファンが集まったという。しかし女優としてのキャリアに乏しく、ダンスの経験も基礎的なステップを一年間習ったにすぎなかった。そんな彼女がジーンの相手役として抜擢されたのは、スターを作りたいルイ・B・メイヤーの意向が大きかったと言われている。レイノルズの記憶によると、一九五一年の春メイヤーのオフィスに呼ばれた彼女は、〝雨に唄えば〟と言う作品でジーン・ケリーと共演するようにと告げられる。ジーンもすぐにその場に呼ばれた。

「……メイヤーさんが彼に言ったの。私が相手役だってね。彼は立ち上がると驚いたって言ったけど、全然喜んでるようじゃなかった。だって私のことなんか聞いたことがなかったのよ。〝それで彼女はどんな実績があるんですか〟ってジーンがメイヤーさんに聞いたの。答えは、〝何をしたかじゃない。これからが大事なんだ。我々はこの子をスターにしたいんだ〟ジーンは見るからに不満そうだった。彼は私に言ったの。〝マキシー・フォードはできるかい？〟私はポカンとしながら彼の顔を見て言ったの。〝それってどんな車ですか？〟まあこれで彼は面白がっちゃったのよ。〝タイム・ステップくらいはできるの？　タイム・ステップが何だか知ってるかい？〟って聞かれたの。〝ハイ出来ます〟って答えて、ちょっと踊って見せたの。まあジーンはまだ納得はしてないみたいだったけど、メイヤーさんの言葉は絶対だから。で結局私を押し付けられちゃったわけ(51)」

もっともこれについてはジーンの側から正反対の話が出てくる。ジーンとドーネンは〝アバ・ダバ・ハネムーン〟を聞いて以来、彼女がキャシー役に最適だと考えていたというのだ。またキャスリン・グレイスンをはじめ数人の女優が候補に挙がったものの、年齢やイメージなど総合的な面でレイノルズに決まったというのも事実である。ドンの相手役でスターのレナ・ラモントについて、コムデンとグリーンは旧知のジュディ・ホリデイを念頭に置いて執筆をしていた。しかし当時のホリデイはすでにこの役を引き受けるには大物になりすぎていた。「巴里のアメリカ人」に引き続きニナ・フォッシュの起用も考えられたが、スクリーンテストの結果、この役は彼女に合わないことがわかった。最終的に選ばれたのはＭＧＭ契約下の女優、ジーン・ヘイゲンだった。

一九二三年にシカゴで生まれたヘイゲンは、十二歳の時一家でインディアナ州に移り住む。大学で演劇と音楽を専攻した彼女は、卒業後ニューヨークへ向かい、舞台女優を目指した。ブロードウェイを経て一九四九年から映画に出演するようになった彼女は、大きな役に恵まれなかったものの、ジョン・ヒューストンの傑作フィルムノワール「アスファルト・ジャングル」（'50）では、スターリング・ヘイドンの愛人役を演じ注目を浴びている。スターとして観客が納得するだけの美貌とコメディエンヌとしての可笑しさを併せ持ち、レナ役にはピッタリの女優だった。

レイノルズのためのダンスの特訓は四月初めから始まった。十九歳になったばかりの彼女にダンスを教えるため、キャロル・ヘイニー、ジニー・コイン、アーニー・フラットの三人がコーチとしてついた。アーニー・フラットは「オクラホマ！」の巡回公演や「巴里のアメリカ人」で踊った実績もあるダンサーで、ＭＧＭでは多くのダンサーの指導を務め、ジーンに信頼される存在だった。

稽古は午前十時に始まり、一時間の昼食をはさんで午後三時五十分まで続くのが決まりだった。稽古の最終目標はジーンやオコンナーのスピードにレイノルズが付いていけることだった。そのため三人のコーチはジーンとオコンナーが好んで踊るステップをすべて教え込んだ。ダンスについては素人同然のレイノルズにとって、これはつらい体験だった。元体操選手で体力には自信のあった彼女だが、稽古が続く内に自信を失っていく。付き添う三人の教師は優しかったが、ジーンだけはそうではなかった。

「……アシスタントのキャロル・ヘイニーかジニー・コイン、それにアーニー・フラットっていうタップの先生が一緒だった。私はステップを間違えないようになるまでジーンに帰してもらえなかったの。一日八時間から十時間踊ることもあったわ。完璧主義者のジーンはリハーサル室へ来るとこう言ったの。〝OK、習ったところを見せてくれ〟そうすると私はカチカチになっちゃうの。彼の気性がわかってるから。それでジーンが来ると何でも間違っちゃうのよ。〝やり直し！〟って彼は言って、またドアをバタンと閉めていくの。そんなに厳しく稽古をさせるもんだから、時々足から血が出たの。本当よ。でも私はできるってところを見せたいから、稽古に稽古を重ねたわね。彼は今よりもっとできるようになるって思わせてくれるの。彼をがっかりさせたくなかったのよ。そう、こういうつらい時期が何ヶ月も続いたわね(52)」

隣のリハーサル室にはちょうど「ザ・ベル・オブ・ニューヨーク」（'52）を撮影中だったフレッド・アステアがいた。アステアはよくレイノルズのリハーサル室にやって来ては慰めてくれたと言う。


「〝これがみんな肥やしになるんだ。だから気を落としちゃだめだよ〟

急に涙が出てきて言ったの。

〝でも私もう絶対ダンスなんか習わない。絶対に！〟

そうすると彼が言ったの。

〝デビー、ひとかどのダンサーになりたかったら、やり続けて時間の許す限り努力しなくちゃ駄目だよ。それしかないんだ〟

彼の言うことが正しいの。それしかないのよ。でも私にはすごくつらかった。私以外、みんなとっても楽しそうに見えるの。私は覚えることが多すぎて、時間が足りないの。ジーン・ケリーみたいな一流のところへ放り込まれたら、楽しむなんて無理よね[53]」

しかし、レイノルズにはかわいらしい外見とは裏腹に、強い体とタフな精神が備わっていた。ジーンによれば

「幸いなことにデビーは牡牛のように強くて、レスリー・キャロンと違って何時間も練習ができた。それに彼女はまねするのが上手くて、大した苦労もしないで複雑なダンスを覚えることができた[54]」

オコンナーは三月から五週間のイギリス公演を行っていたが、予定を一週間早めて帰国し、四月下旬からリハーサルに加わった。しかしプロダクションナンバーのいくつかはその内容も固まっていなかったため、振付けが決まり次第、他の撮影と並行しながらリハーサルが行なわれた。

六月十八日から撮影が始まった。現場ではジーンとスタンリー・ドーネンがそれぞれ別のシーンを撮影することも珍しくなかった。ジーンによれば、

「スタンリーには、
〝あっちで例のシーンを撮ってくれ、僕は自分のナンバーの方をやるから〟
と言うこともよくあった。
あれは僕らの素晴らしい相互依存であり、自立的関係でもあったんだ(55)」

ナンバーの撮影も進行していった。発音教室でコーチを前にドンとコズモが歌い踊る〝モーゼス・サポーゼス〟を皮切りに、タイトルソング〝雨に唄えば〟や六十万ドルの予算をかけた〝ブロードウェイ・バレエ〟などのナンバーが次々に撮影されていった。途中、撮影監督の交代も起こった。ヴォードヴィルの舞台でドンとコズモがバイオリンを弾きながら歌い踊るナンバー、〝フィット・アズ・フィドル〟の撮影時に、場面が暗くなりすぎるという理由で、ジョン・オルトンから「踊る大紐育」でカメラマンを務めたハロルド・ロッソンに替えられた。
十一月二十一日に撮影終了パーティーが開かれた「雨に唄えば」だが、十二月にも一部のシーンの追加撮影が行われた。それと並行するように催された公開試写の結果はおおむね好評だったが、フリードは物語の流れを妨げるナンバーや場面を削除し、公開版を完成させた。だが、五十二年三月のアカデミー賞で「巴里のアメリカ人」が各賞を総なめにすると、ドーア・シャーリーはそのチャンスを活用しようと考えた。三月後半に同作を再公開するとともに、経費を抑えるため「雨に唄えば」の宣伝費を削った。そのような逆境にもかかわらず、三月末のニューヨークでのプレミア公開を経て四月から全米で封切られた「雨に唄えば」は、製作費二五四万ドルに対し興行収入七六六万五千ドルの大ヒットとなった。

今日、「雨に唄えば」は、一般のファンはもちろん映画研究者や批評家からも、ミュージカル映画史上最高の作品と考えられている。事実、これまでに行われた歴代作品の人気投票でも、「市民ケーン」や「七人の侍」など多くの名作と共に上位に名を連ね、ミュージカル映画としては常にトップの地位を保ち続けている。まさに映画史上のクラシックと言える作品になった。しかし公開当時、その評価はさほど高いものではなかった。大方の認識は、良くできたミュージカル・コメディーの一つといった程度に過ぎなかった。翌一九五三年のアカデミー賞でも作品賞にはノミネートされず、助演女優賞とミュージカル映画部門の音楽賞にノミネートされたに過ぎない。前年のアカデミー賞で「巴里のアメリカ人」が賞を総なめにした影響を割り引いても、一般的な評価はこの程度であった。

しかし、一九五八年の米国での再公開や六十年代半ばからのカラーテレビの普及、七十四年のアンソロジー映画「ザッツ・エンタテインメント」の公開、そして八十年代のビデオの普及などをそれぞれ契機として、後の世代の人々にも幅広く目に触れるようになった同作は、時代と共にその評価を高めて行った。そこで、このような高い評価を得るようになった理由を、脚本の内容やプロダクション・ナンバーとの関係、ミュージカルシーンの完成度などから考えてみたい。

「雨に唄えば」は映画製作の裏側を描いた作品で、内容的にはいわゆるバックステージ物に分類される。しかしバックステージ物にありがちな、舞台製作の裏側を人間ドラマとして正面から描くという手法は取っていない。冒頭のインタヴュー場面では、主人公の高尚な言葉とは裏腹に、スターに上り詰めるまでの彼らの情けない現実が映像によって観客の前に晒される。リナの悪声を隠すための吹き替えや安易な企画変更の内実も明らかにされる。そういう意味では、同時期にハリウッドの内幕を暗部から抉った「サンセット大通り」とは対照的に、ハリウッドのからくりを「明るく暴き出した」映画とも言える。

このようにスターという存在や映画製作の現場をからかうことによって、「雨に唄えば」は映画そのものを外側から見る視点を観客にもたらすことが出来た。その結果、観客の心に余裕が生まれ、映画を楽しむ基本的な姿勢が作り出された。また、映画のストーリーや場面の描き方にも余裕が生まれ、観客が受け入れやすい映画の感触が作りだされた。

このような基盤の上に、映画作りにまつわる人間関係や技術の変化が起こした混乱がサイレントからトーキーへの変遷を舞台にして語られていく。巻き起こったトラブルをユーモアと皮肉に包んで、上手くストーリーに溶け込ませることができた。出来事を引いて見つめる視点とストーリーの進展を素直に楽しむ視点との案配がちょうど良く、最終的には物語を信頼し、ハッピーエンドに仕上げることができた。後年、同じコムデンとグリーンが脚本を担当した「いつも上天気」（'55）では、この引いて見つめる視点が行き過ぎ、物語の進行が至るところで分断されてしまった。直接的な風刺が強すぎて、物語に導いていけなかった。

次にキャスティングの成功もあった。これは単に誰それのダンスが上手いとか良い演技をしているといったレベルの話だけではない。オコンナーとレイノルズは親しみやすさと共に演技や存在としての軽みも含めた魅力――「アイドル力」が強く、その結果、観客をスクリーンの壁を越えて映画内世界に引き込む強い磁力が生みだされた。またヘイゲンの美貌の「程度」も貴重であった。大スターとまでは言えない「B級スター」としての存在感を十分に担保するだけの美貌の程度が過不足ないのだ。さらに目の使い方、素早い表情の変化などの技術が卓越し、コメディーの演技も十二分に素晴らしかった。

また、彼女を悪役にしたことで物語の流れに一つの芯が生まれた。これまでジーンが出演したミュージカル映画の中で、リナほどはっきりとした悪役は「踊る海賊」の市長など、わずかな例しかないのではないか。確かに憎めない悪役ではあるが、主人公らが彼女と対立する構造が物語に生みだされた。その結果、対立にまつわる緊張が生まれ、解決を目指すという目的が明白になった。これによってストーリーが凝縮し、物語が「締まった」。

物語の本筋ではないところでも力を抜いていない。このことにより、観客の興味を途切れさせず、そのままストーリーに引き込むことができた。たとえば冒頭、プレミア公開された映画「宮廷の反逆児」の場面。ジーン扮する主人公がアクロバティックな動きでダグラス・フェアバンクスばりの華々しい活躍を見せる。観客は映画の中の観客と同じ気持ちになり、活劇シーンについ見入ってしまう。ドンがスタントマンをしていた頃を描く映像では、小屋の爆破シーンにしろ、高い崖からオートバイごと飛び降りるシーンにしろ、「ミュージカル映画のおまけのシーンでここまでやらなくても……」と思うほど危険なスタントを演出している。こういったことの積み重ねが、作り物である映画のリアリティーを担保している。

物語の時代背景を的確に描くことによっても、映画の真実味を増すことに成功している。これには俳優やスタッフの実際の経験や知識が大きく貢献していると思われる。サイレントからトーキーへの移行期は、撮影時から二十二〜三年前のことにすぎない。スタッフの中には当時から映画界で働いていたり、親が働いていたという人も多かった。事実、撮影中ジーンの下へは、MGM各部門のスタッフが当時のエピソードを伝えたいとよくやって来たという。

また、ジーンらのようにその時代を観客として体験している人間も多い。そう言った人々が作りだすリアリティが、コメディーであっても物語の真実味を裏から支えていると思われる。衣装デザインのウォルター・プランケットは一九二〇年代からデザインを手がけていたベテランで、時代背景にあった衣装をデザインするのは容易なことであった。しかし、風刺的な意味を強めるため、スカートの丈をわざと当時より短めにするなどの工夫をしたという。美術監督のランドール・デュエル、セット担当のジェイクス・メイプスは当時のマイクロフォンや撮影機材を見つけ出し、ガラス張りの録音室やカメラを収める覆いを再現するなどして、当時のスタジオの雰囲気を作り上げた。

「雨に唄えば」では数多くのフリードの曲が使われているが、歌やダンスを伴って演じられるのは十一の場面である。このうちの多くはストーリーの流れに沿って挿入されており、ナンバーと物語の関係が自然で無理がない。「踊る大紐育」ほどではないが話がスムーズに進んでいく。さらにそれぞれのナンバーのダンスや振付けが優れており、いずれも粒ぞろいであるところも、作品全体のレベルを押し上げている。

個々のナンバーについて見ていこう。

映画の冒頭、ドンとコズモの過去を回想するシーン――ヴォードヴィルの舞台でバイオリンを弾きながら歌い踊る〝フィット・アズ・フィドル〟。勝手知ったヴォードヴィル芸を息もピタリと踊る二人の実力を堪能できる。バイオリンを小道具にタップを踏みながら滑るように舞台の上を移動し、相手の周囲を回るようにして互いに前後を入れ替わる動きが立体感を生み、二人を追うカメラの動きがスピードと躍動感を過不足なく描き出す。冷静に考えればこんな凄い芸を見て客席からブーイングが起こることはありえないが、そこは物語の流れ上仕方がない。直前の子供時代を描いたシーンも含めて、ジーンやオコンナーの実体験をもとにしていると思われるが、芸を糧に生きていた人たちの当時の実像を知る上でも興味深い。

続いてパーティーに余興で派遣されたキャシーが、一座の女の子たちと明るく踊る〝あなたの夢ばかり〟。あくまでレイノルズの明るくかわいらしい魅力を印象付けることが目的のシーンなので、彼女をグループ前列の中央に据え、曲の初めから終わりまでしっかり撮影されている。親指を舐めるいささか下卑たしぐさも含め、ナイトクラブから派遣されたコーラスガールの上等とは言えないがよく訓練された踊りという設定を上手く描いた振付けである。お目付け役としてなのか、彼女の向かって左側でジニー・コインが踊っている。

キャシーが見つからず、サイレント映画の演技にも自信を失うドンをコズモが励ましながら、「みんなを笑わせろ」と歌い踊るナンバー、〝メイク・エム・ラフ〟。このナンバーは、オコンナーのためにソロダンスを作る必要を感じたジーンが依頼し、フリード&ブラウンのコンビが作った新作である。

振付けのアイデアを考えるため、ジーンのすすめでオコンナーはジニー・コイン、キャロル・ヘイニーと共にリハーサル室にこもった。様々な小道具を用意してもらい、ヴォードヴィル時代に自身が身につけた芸やおはこのネタを演じてみせた。その中のいくつかは以前出演した映画の中ですでに使ったネタだった。コインやヘイニーに受けたネタ――壁を駆け上がっての後方への宙返り、ソファの上での首のない人形とのやり取り、床の上に側臥位になり肘をついて時計の針のように体をグルグル回転させる動き（これは三バカ大将の一員、カーリーのおはこで、彼に許可を取っている）等々――はノートに書き留められ、三人によって一つずつ、曲の適当な場所に当てはめられていった。

全体の流れはサイレント時代の撮影現場を参考にした。サイレント時代には数本の映画が隣り合わせで同時に撮影されていた。それにならってその場にある家具や道具を利用しながら、異なる背景を渡り歩くようにしてパフォーマンスが続けられた。

〝メイク・エム・ラフ〟はギャグやアクロバットを音楽にのせて演じたに過ぎず、ダンスとは言えないという意見もある。しかし、素晴らしい体技と笑いに溢れた〝メイク・エム・ラフ〟は、「雨に唄えば」ばかりでなくオコンナーを代表する一曲となった。ただし〝メイク・エム・ラフ〟の旋律はコール・ポーターが「踊る海賊」のために作った〝ビー・ア・クラウン〟にそっくりで、「悪意のない剽窃」とでも言うしかない作品だった。曲を聞いたMGMの誰もがそれに気づいていたものの、口に出しては言えなかった。しかし見学に訪れたアーヴィン・バーリンが指摘したため、そばにいたフリードは口ごもってしまったと言う。フリードがなぜこれほど似た曲を作ってしまったのかは謎のままである。

ミュージカルシーンの中には、今日から見ると必ずしも成功したとは言えないものもある。「闘う騎士」のトーキー化が急遽決定された場面に続き、〝色彩人形の結婚〟、〝ジュドゥ・アイ？〟など三曲に合わせ、当時のミュージカルシーンのパロディー映像がモンタージュされて流れる場面である。

これらは何れも三十年代に流行したバズビー・バークレイ様式のパロディーになっている。天井のカメラが真上から映す万華鏡のような映像、幾何学的なコーラスのフォーメーション、足だけ映すダンスなどは彼の表現法の特徴である。しかしこのシーンの挿入が唐突でテンポや内容がそれまでの場面とは異なるため、観客には違和感が感じられる。肝心のパロディーもどこまで理解されたかは疑問である。

そのあとに続く〝ビューティフル・ガール〟は、ジーンの私設アシスタントだったジミー・トンプソンが十二人のコーラスガールを引き連れ、明るくのびやかに歌い踊るナンバーである。この場面をきっかけにコーラスの一員だったキャシーが社長のシンプソンに認められて契約に至るばかりか、ドンとの再会も果たすという意味で、ストーリー上大切なナンバーである。

ところが歌の途中、当時流行の服をファッションショーとして見せるシーンが挟まれる。これはプランケットのデザインの素晴らしさに触発されてドーネンとイーデンスが思いついたシーンで、過去のミュージカルで多用されたファッションショー形式で美女を見せる手法（ジーンがかつて出演した「カバーガール」にも同様のシーンがある）のパロディーになっている。モデル一人ずつの紹介にイーデンスが風刺やウィットに富んだコメントを考え、それをトンプソンに語らせている。当時ラッシュの段階でこの映像を見た人々は爆笑したというが、時の経過とともにピンとこないものになり、今日ではファッションショーのシーンはストーリーの展開を阻害していると考えられるようになった。

ドンの通う発音教室で、教師を巻き込みドンとコズモが歌い踊る〝モーゼス・サポーゼス〟。この曲だけはフリード作ではなく、この映画のためにロジャー・イーデンスが作曲し、コムデンとグリーンが詞を書いた。舌を噛みそうな発音訓練用の言い回しを繰り返しているうちに興が乗り、周囲の物や人を利用しながら二人がタップを踊り出す。訓練をからかいつつ、感情の高まりを自然な流れでダンスに移行させていて無理がない。ジーンとオコンナーの息の合った、それでいてスタイルの違うタップの妙が味わえる。二人のコミカルな面ばかりが注目されがちなナンバーだが、ダンスの素晴らしさをもっと評価すべきだとの声もある。

共同監督のドーネンは、いささか手前味噌ではあるが、このナンバーは「ミュージカル映画としては最高のタップ」で「匹敵するのはフレッド・アステアとエレノア・パウエルが踊った〝ビギン・ザ・ビギン〟くらいだ[56]」とまで言っている。

ここで気が付くのは二人を追うカメラの動きである。ダンスを撮影する場合、周囲の情景も映しつつ、ダンスを観客が十分に堪能できるだけのダンサーの大きさが必要となる。そのためには、画面に対するダンサーの大きさの比率が適切でなければならない。このシーンでは必要な比率をできるだけ崩さず、かつダンサーができるだけ画面の中央に位置するように心がけて撮影されている。ダンサーが近寄ればカメラも引き、遠ざかればカメラが追う。ダンサーが遠くなりすぎるとカメラの位置を変え違う角度からのショットになる。それをダンサーの動きや音楽に合わせ自然に撮影する必要がある。

二人のタップの素晴らしさに見とれて気づきにくいが、カメラの動きを感じさせずにダンスを引き立てる撮影が巧みである。また、古典的なスタンダードサイズの画面は、一人か二人のダンスを見せるには実に適した大きさであることが良くわかる。「闘う騎士」の失敗に将来を悲観するドンをコズモとキャシーが励まし、映画をミュージカルに変える希望を持たせた後のナンバー、〝グッド・モーニング〟。会話と状況の明るさを、そのまま歌とダンスで引き継ぐ過程が自然で素晴らしい。場の雰囲気を主役数人が引き継いで歌い出し、外に出て物や人を利用して踊るというナンバーは、「カバーガール」の〝明日のために〟や「踊る大紐育」の〝オン・ザ・タウン〟などの先例があるが、ダンスの完成度では〝グッド・モーニング〟が一番ではないか。このナンバーだけは室内だが、限定された空間のおかげでダンスに集中できたともいえる。

台所での明るい会話をきっかけに踊り出し、画面右から左に移動しつつ、ダイニングを経て次の部屋で本格的なタップに移行する。階段の昇り降りが少しもぶれず、小気味良い三人のタップが続く。画面手前に降り、吊るしてあるレインコートを使っての三者三様の踊り——フラダンス、フラメンコ、チャールストン。さらに右から左に移動し居間に入った後は、画面手前に向かう縦方向の移動に変わる。一つ目のソファを三人揃ってでんぐり返しで越え、手前二つ目のソファの背もたれに足をかけて九十度ひっくり返し、その上に倒れこんで笑い出すまでの楽しさ。

レイノルズによればこのシーンだけで撮影用に「数百回」繰り返したというが、彼らの表情には少しも疲労の色がない。ダンサーではないレイノルズがジーン、オコンナーに引けを取らずに踊れるのも稽古の過酷さの賜物である。彼女の映画人生で最高のダンスとも言われている。

〝グッド・モーニング〟に続いては、ドンが恋の喜びを胸に踊るナンバー〝雨に唄えば〟。当初の脚本では、〝グッド・モーニング〟ではなくこの歌を三人で踊ることになっていた。ジーンの判断により彼のソロに変更されたものの、その内容も、映画のどの部分に挿入するかも不明なままだった。フリードとイーデンスがジーンに訊ねても、

「……まあはっきりは話さなかった。僕が雨に降られて、歌い出して、晴れ晴れとした気分になって、幸せな気持ちを取り戻すってね。それだけだよ。二人とも僕がまだ考えてないことは承知してたんだ。それでも心配はいらないって伝えたよ。何か考えつくだろうってね。……」(57)

数日後、ジーンは歌詞の〝シンギン〟のあとに〝アンド・ダンシン〟を付け加えてみた。〝シンギン・アンド・ダンシン・イン・ザ・レイン〟と口ずさむと、踊ることで希望に満ちた気持ちを表現できる確信が突然生まれ、アイデアが動き始めた。

「……それで脚本をたどっていって、どの時点が僕にとって一番幸せなのかを調べてみたんだ。そうすると一番楽しくなるのは、キャシーの家の前にいるシーン

だというのが判った。トーキーの難しい問題を克服して、撮影中の映画〝闘う騎士〟をミュージカル〝踊る騎士〟に変えようと決めた後の場面だ。彼女にキスをして、愛してるとはっきり意識したその後だね。この時点からすべてが、しかるべきところにうまくはまっていったんだ……(58)」

ジーンはジニー・コイン、美術監督のランドール・デュエルと共に常設の街路を備えた野外ステージをくまなく回り、ダンスに適した通りを探した。二番ステージのイースト・サイド通りが気に入った彼は、街灯をはじめそこにある物を利用して振付けを考えた。ステージをシートで覆い夜の街並みを再現した。天井にパイプを張りめぐらせ、十分な量の雨を降らせるようにした。道路の調整を行い、適度な深さの水たまりも作らせた。

戸口の前でキャシーとキスをして別れたドンは、車を帰し一人歩道を歩く。ハミングから歌に変わり、傘をすぼめ、喜びのあまり街灯に飛びつき、軽やかにステップを踏む。途切れた樋からほとばしる雨水を浴びる。車道に飛び出し、傘を両手で持ち回転しながら弧を描くように踊り回る。歩道に戻ると車道との間を行き来し、水を足で跳ね上げ、水たまりで飛び跳ねる。訝しげに近寄って来た警官に気づくと、はしゃぐのをやめ、微笑みかける。歌をやめ、通りかかった男に傘を譲ると警官に手を振り、大手を振って去って行く。

今日、タイトル曲〝雨に唄えば〟はこの映画を代表するナンバーであるばかりか、ミュージカル映画史に燦然と輝くダンスシーンとなった。ジーンのダンスは、ミュージカル映画を象徴するパフォーマンスとなった。だが、映画がそうであったように、タイトルナンバー〝雨に唄えば〟についても、撮影時にこの高評価を予想する者など一人としていなかった。ナンバーの撮影が終了したとき関係スタッフが抱いた感想は、平均的なナンバーの一つを撮り終えたといったものでしかなかった。しかし、作品の評価と同様、このナンバーの評価も時代と共に高まっていった。その理由をこれから考えていきたいが、成功の鍵は単純さと緻密さの共存であると思われる。

〝雨に唄えば〟のダンスには、特段複雑なステップや高度なテクニックが使われているわけではない。喜びに満ちた男が傘や街路にある物と戯れ、自然なタップを踏んでいるに過ぎない。ジーンが心がけたのは、雨の中で子供のようにはしゃぐ男の姿を描くことだった。夾雑物を削ぎ落とし、純粋にドンの喜びのみを伝えることであった。結果としてこのシンプルな表現方法のおかげで、ドンの歓喜をスクリーンにそのままの形で表現することが可能になった。単純であるがゆえにより深く、観客の胸に届けることができた。もちろんそのためには、ダンサーの感情を観客に伝えることにかけては並ぶ者のないジーンの力も大きい。

しかし、表現法は単純でも用意は周到である。ロジャー・イーデンスが前奏を付け、ジーンがハミングしながら自然に歌とダンスへ移行できるようになった。説明的な二番の歌詞を外し、純粋に喜びを表現する一番の歌詞のみを採用した。雨粒がスクリーンにくっきりと見えるよう、カメラマンのハロルド・ロッソンが裏側から照明を当てる工夫を行った。樋からほとばしる水の勢いで、喜びの強さを表すことができた。

カメラの動きも重要であった。さりげないようでありながら、ここぞと言うときに大きく動き、ジーンと共に踊るかのような効果を出した。例えば傘を振り回しながら車道を踊りまわるとき、カメラはスッと引きつつ上方に移動し、その動きを俯瞰で捉える。カメラの引きによって、ジーンのダンスに集中していた観客の気持ちが一気に解放され、踊り手の喜びが観る者に共鳴する。最後、警官の肩越しに上方からジーンが去って行く姿を追い、穏やかな中にも喜びの余韻を残す。

設定が夜であることも効果的であった。観客の視線を集中させやすい夜の暗さの中で、これらすべての要素が効果を発揮した。撮影当日ジーンは三十九度四分の高熱があったというが、映像からそのような様子はいささかもうかがえない。いかにも楽しげな男の溌剌としたエネルギーが観客に伝わり、何度見直しても飽きることがないナンバーとなった。

「雨に唄えば」で最も大がかりなナンバーは、映画の後半十三分余りにわたり繰り広げられる〝ブロードウェイ・バレエ〟である。元々コムデンとグリーンの脚本では映画の最後に大がかりなバレエ・シーンが想定されていた。だが、ジーンは「巴里のアメリカ人」の二番煎じになることを嫌い、映画の最後にバレエを入れることに乗り気ではなかった。オコンナーとコミカルな内容のダンスを踊るはずだったが、それ以上のことは何も決まっていなかった。

ようやく五月末までにフリードのヒット曲〝ブロードウェイ・メロディー〟を使うことが決まったものの、撮影が始まった六月になってもバレエの具体的な内容は明らかではなかった。この時点で「巴里のアメリカ人」はまだ公開されていなかったが、フィナーレのバレエの素晴らしさはハリウッド中の噂になっていた。フリードは「雨に唄えば」にも同様に大がかりなバレエを入れることを望んでいた。

バレエのスケールを大きくするため、最終的に〝ブロードウェイ・メロディー〟に〝ブロードウェイ・リズム〟を組み合わせたナンバーが作られることになった。レニー・

ヘイトンが編曲を担当し、この二曲を一続きの曲に仕上げた。だが、ここで大きな問題が起こる。大作になったことで稽古や撮影に長い時間が必要になったものの、映画の撮影スケジュールは遅れていた。オコンナーは秋からテレビのコルゲート・コメディー・アワーのホストの仕事が入っており、その後も映画フランシス・シリーズの新作が予定されていた。稽古に入る時間的余裕はなかった。ジーンは内容も相手役も変更を余儀なくされた。

　ここでフリードが相手役として白羽の矢を立てたのがシド・シャリースだった。

　一九二一年、テキサス州アマリロで生まれたシド・シャリースは、バレエ好きの父親に影響され地元のバレエ教室に通い稽古に励んだ。十四歳でバレエ・リュス・ド・モンテカルロに入団した彼女は、本格的なバレリーナへの道を歩きだす。しかし、舞踊スタジオのバレエ教師ニコ・シャリースのプロポーズを受け一九三九年に結婚。バレエ・ダンサーとしてのキャリアを断念することになる。ロサンゼルスで夫の経営する舞踊教室の補助教師を務めながら、四十二年には最初の子供を出産するなど平凡な家庭生活を送っていた。

　ところが、知人でバレエ・リュスのダンサー、振付家でもあったダヴィッド・リシンから、彼が振付けを担当するコロンビアのミュージカル「サムシング・トゥ・シャウト・アバウト」（'43）の中で一緒に踊るよう依頼されたことが映画界入りのきっかけとなった。映画自体は成功とは言えなかったが、当時「ジーグフェルド・フォリーズ」を製作中のダンス部門の責任者ロバート・オルトンの目にとまり、アーサー・フリードを紹介される。ここからMGMと契約を結ぶとともに、芸名をシド・シャリースに変え、ミュージカルスターとしての活動が本格的に始まることになる。

その後、「ジーグフェルド・フォリーズ」や「ワーズ・アンド・ミュージック」などの作品でバレエ・ダンサーとしての実力を発揮したシャリースであるが、演技の未熟さもあり、出演した映画でこれといった印象を残すことができなかった。均整のとれたスタイル、クールな美貌、正統なバレエ・ダンサーとしての実力を兼ね備えながら、女優としてのキャリアは停滞していた。フリードは本格的なナンバーに出演させることによってこれまでの殻を破り、シャリースの新たな境地を開拓しようと考えた。

一方ジーンは、〝ブロードウェイ・メロディー〟と〝ブロードウェイ・リズム〟の歌詞から言葉を拾い出し、それを手がかりにバレエの構想を練った。最終的に出来上がったのは、富と名声を求めてブロードウェイにやって来た若いタップ・ダンサーを主人公に、ギャングの情婦をからめたストーリーだった。

タキシード姿の男がブロードウェイ・メロディーを歌うと、タイムズスクエアのきらびやかなネオンサインが映し出され、大勢のダンサーが現れる。場面は変わり、鞄一つでニューヨークへやって来たダンサーがエージェント事務所のドアをたたく。エージェントの案内で向かった先が禁酒法時代の潜り酒場。ここで踊り廻った彼は、居合わせたギャングの情婦に魅せられ、彼女と二人激しく踊る。しかし彼女はギャングが目の前に差し出す高価なブレスレットに目がくらみ、去って行く。

エージェントに連れ戻されたダンサーは、バーレスクからヴォードヴィル、そしてジーグフェルド・フォリーズと出世を重ね、ブロードウェイのスターになる。華やかなパーティーの会場で情婦に再会したダンサーは、空想の中で彼女とロマンティックに踊るが、現実の彼女は彼を歯牙にもかけない。寂しくパーティーを後にした彼は、かつての自分と同じように夢を求めてやって来た若者を目にして気を取り直し、画面を埋める多くのダンサーと楽しく踊りフィナーレとなる。

ジーンは当初、アシスタントのキャロル・ヘイニーを情婦役に抜擢するつもりだった。しかし、フリードはヘイニーの庶民的な風貌が情婦役には合わないと言って反対した。最終的に相手役はフリードの意向通り、シド・シャリースに決定する。ヘイニーはかなり落胆したようだが、それを表に出すこともなく親切に指導してくれたと後にシャリースは感謝と共に語っている。彼女は前年の出産以降に増えた体重を落とし、タバコの煙を鼻から出せるように練習して、男を魅了する魔性の女を演じる準備を整えた。

バレエの冒頭、タイムズスクエアでジーンが歌い、ネオンサインが輝き、多くのダンサーが現れる。美術監督のランドール・デュエルが最も苦労したのがこの場面だった。五十五mもの高さに据えられたカメラからエキストラのダンサーとネオンサインを一度に撮影する必要があり、カメラの動きや音楽に合わせネオンを明るく輝かせるのが難しかったという。

次はトランク一つの若いタップダンサー、ジーンがニューヨークへやって来るシーン。二本の動く歩道を平行に並べ、その上をダンサーが移動する。奥の歩道では通行人が右から左へ、手前ではジーンが左から右に進む。人の流れが絶えず、スピード感が落ちない。エージェント事務所のドアをノックしタップを見せ、断られて次の事務所への繰り返しがリズムを生む。

潜り酒場では、フロアいっぱいの客とジーンが掛け合いながら〝ブロードウェイ・リズム〟を歌い踊る。次いで客たちは周囲のテーブルに捌け、広いフロアをジーン一人が思うままに踊りまわる。その明るさとダイナミズムが観る者を高揚させる。画面奥から手前に向け膝でフロアを滑って来ると、突然女の足が目の前に伸びて、動きが止まる。高揚から緊張への変化が、動きの緩急によって生み出されて素晴らしい。画面の奥行きも十分に表現されている。ルイーズ・ブルック風の髪形に緑のドレスのギャングの情婦、シド・シャリースの登場もセンセーショナルである。

ジーンに興味を持った情婦は彼の回りで妖しく踊り、タバコの煙を吹きかけてからかい、眼鏡を蹴飛ばして翻弄する。我慢できなくなったジーンが強く情婦を引き寄せ、二人は情熱的に踊る。ジーンがシャリースを強く抱きよせた姿もこの映画を代表するシーンの一つである。

情婦が去り呆然とするジーンの腕を取り、エージェントが連れて行ったのが劇場の楽屋口。バーレスク、ヴォードヴィル、ジーグフェルド・フォリーズの舞台が矢継ぎ早に紹介される。バーレスクでは女の子を引き立てる道化役。それがヴォードヴィルでは彼が主役となり、コーラスの女の子を引き連れて踊る。最後のジーグフェルド・フォリーズではジーグフェルド・ガールズに囲まれ燕尾服にトップハットの出で立ちで、シガレット片手に洒落た身振りで踊る贅沢さ。それぞれの劇場の雰囲気、出し物の特徴をとらえながら、一段階ずつランクが上がりジーンが出世していく様が的確に描かれていく。

パーティーで再会した情婦に目を奪われたジーンは白日夢を見る。淡い紫色の果てしなく続くシュールな空間。十五mの長さのベールをまとったシャリースが、ジーンとバレエをロマンティックに踊る。ヘイニーとコインが航空機用のエンジンまで使って風を起こし、ベールの動きを巧みにコントロールした。水平に、上方へとたなびくベールを背にしたシャリースがジーンと一体となって生み出すダンスは、ベールももう一人のダンサーであるかのように絡み合い、見事なアンサンブルになっている。実写でこのようなシーンを作れるとは、現在の目から見ても信じられないことである。

夢から覚めたジーンは情婦に近づくが、相手にもされず寂しくパーティーを後にする。再びプロローグと同じタイムズスクエア。きらびやかなネオンサインの下、消沈したジーンが現れると、夢を抱いて都会へやって来た若者が明るくタップを踏む。気を取り直したジーンが総勢七十人余りのダンサーと元気に踊り、最後ジーンの顔が大写しになるレトロな演出で終わる。

〝ブロードウェイ・バレエ〟自体は物語の展開とは無関係で、ここに存在する必然性は全くない。ミュージカル・シーンを見せる目的でストーリーに無理矢理ねじ込まれたナンバーである。そういう意味ではストーリーの流れを阻害しているともいえる。しかし、夢を抱いてブロードウェイにやって来た芸人の栄光と悲哀がダンスを通して良く描かれている。シド・シャリースとの二つのダンスも素晴らしい。その結果、

「サマー・ストック」のところで述べたように、観客から「許される」ナンバーとなった。ストーリーとは直接関連はないが、総合的に考えれば作品のステータスを押し上げる働きをした。

以上、概観してきたように、「雨に唄えば」では優れたナンバーが揃い、そのほとんどが楽しいストーリーの流れに沿って自然に挿入され、さらにそれらがストーリーを発展させ盛り上げていくという良循環が生まれた。ミュージカル・シーンの水準、物語の流れ、ナンバーとストーリーの関係、配役のどれをとっても良質で、バランスが取れた作品となった。当時の技術の限界の中で、ジーンが考えてきた映画でミュージカルを表現するための方法を、自然な形で実現することができた。これが今日においても「雨に唄えば」が最高のミュージカル映画と評される理由ではないか。

一九五三年六月二日、イギリスに滞在していたジーン一家は大手タレント事務所MCAのジュールズ・スタインから朝食に招かれていた。当日はエリザベス女王の戴冠式で、バルコニーから行列を眺める予定になっていたのだ。混雑を避けるため早起きをして出かけた彼らだったが、沿道は徹夜で集まった人たちでぎっしり埋まり、先へ進めそうもなかった。肌寒く、今にも降り出しそうな天気だった。

「……コートの襟を立てると、ベッツィと（娘の）ケリーにレインコートを着せて、数ブロック離れたMCAビルへ行くにはどうしたらいいか考え始めたんだ。急にラウドスピーカーからインフォメーション係の男の声が聞こえた。〝みなさん、雨に唄えばのジーン・ケリーになったつもりで〟と言うと、僕のレコードがかかった。数秒後、冷たい雨に濡れて震えている数千もの素敵な英国の人たちが歌い始めたんだ。

人生でこんなに感激したことはなかったね。これまで経験したなかで最高の出来事だった。パル・ジョーイの公演初日、アカデミー賞受賞とか……何でも言ってみてよ。人生でただ一度きりの体験だった。もし今後これくらいのことを達成できないとしたら――そういう風に物事が進んで行きそうに見えたけど――今までの人生を褒めてやってもいいかなと思ったんだ。……」(59)

第九章　失墜

コール・ポーターの名曲〝ジャスト・ワン・オブ・ゾーズ・シングス（よくあること）〟には次のような一節がある。「二人の恋は熱すぎて冷めないわけにはいかなかった……」。「雨に唄えば」以後のジーンの映画人生をこの言葉になぞらえれば、ミュージカル映画の高みを極めすぎて、あとは落ちていくしかなかったということになる。もっとも、この本の目的はジーン・ケリーの業績を通してミュージカル映画の進歩を描くことなので、彼が成し遂げたミュージカル映画の完成形——あくまでその時代における完成形だが——をすでにたどった以上、これ以降の彼の映画について詳しく語ることはしない。ただここまで読んでくださった方にこの後の彼の人生を語らないと、尻切れトンボのようで後味が悪いので、簡単にではあるが書いておきたい。

「巴里のアメリカ人」が賞を総なめにした一九五二年三月のアカデミー賞の授賞式にジーンの姿はなかった。アメリカに居なかったのである。五十一年十二月に議会を通った法律により、十八ヶ月間を海外で過ごした者には所得税が免除されることになった。

海外で軍務に就いたり石油産業に従事したりする者を優遇するのが主な目的であったが、適用される職業が限定されているわけではなかった。さっそくこの制度を利用しようと、多くのスターがイギリスに移り住んだ。エヴァ・ガードナー、ゲーリー・クーパー、カーク・ダグラス、クラーク・ゲーブル、ハンフリー・ボガートとローレン・バコール夫妻なども含まれていた。もちろん、映画会社にとっても好都合な面があった。イギリス国内で生み出されながら凍結資産としてアメリカに持ち込めない収益を、自社のスターを使い英国や欧州で映画製作に使うことができたからである。ジーンもエージェントのルー・ワッサーマンの勧めで、一家でイギリスへ移り住むことになった。もっともこの移住は税金対策だけが目的ではなかったと言われている。再び激しくなった赤狩りの追及の手を避ける目的もあったというのだ。

「雨に唄えば」の製作が動き出した五十一年春ごろには、映画界の共産主義者による「汚染」を糾弾する記事が雑誌に掲載され、その攻撃の矢面にジーンも立つようになった。ジーン自身はあくまで自由を愛する民主党リベラル派としての立場であったが、妻のベッツィ・ブレアは党員ではないものの共産党とは深いつながりがあった。ジーンはその後も認めることはなかったが、非米活動委員会の追及を逃れるためにも、しばらく米国を離れる方策を選んだとも考えられる。「雨に唄えば」撮影中から進行していた次のミュージカル「ハックルベリー・フィン」――共演ダニー・ケイ、監督ヴィンセント・ミネリ――の企画を中断し、五十二年一月にジーンは欧州に旅立った。

だが、理由のいかんを問わず、この選択はジーンの映画人としてのキャリアに影を落とすことになった。すでに一九五一年六月、権力闘争に敗れたルイ・B・メイヤーがMGMを去り、ドーア・シャーリーが総責任者に昇格していた。メイヤーが自身の名を冠した撮影所を去るということは、古き良き時代が過ぎ去ったことを如実に示していた。テレビの普及はさらに進み、一九五〇年代前半には全米のテレビ受像機の数は毎年約五百万台ずつ増加していた。一九五六年になると世帯普及率が七十％を超え、娯楽メディアの主役の座が映画からテレビに移ったのは明らかだった。各家庭の娯楽費に占める映画への支出の割合は減り続けた。シャーリーは人員削減などで合理化を推し進め、一作当たりの製作費を他社と同レベルにまで落とすことに成功した。さらにそれが一段落すると、一九五三年の新たな年度からは製作本数の削減に踏み切った。

このように五十年代前半は一年ごとに映画産業の経営基盤が弱体化し、それに伴うスタッフや経費の削減により映画製作の環境はさらに悪化していった。テレビの普及や社会の変化に伴い観客の嗜好も推移し、以前ほどミュージカルに人気が集まらなくなった。衣装、美術、ダンス、音楽に手間とお金のかかるミュージカルにとって、製作がますます難しくなっていく時期であった。この時間との闘いとも言える貴重な期間に、一年半の長きにわたり不在だったことは、少しでも良い環境で映画を撮るための残されたチャンスを逃したと言って良かった。この期間にもう一本でも二本でもミュージカルを作っておけなかったのは、彼のためにまことに残念なことであった。

欧州滞在中、ジーンは三本の映画を撮る予定であった。その内の二本は、これまでミュージカルが続いたため、一般の映画にも出演したいというジーンの希望も入れての企画だった。

「赤い唇」（'52）は戦後の混乱するドイツを舞台にしたサスペンス、「クレスト・オブ・ザ・ウエーブ」（'54）はスコットランド沖の秘密海軍基地で行われる新型魚雷の試験に参加した米英軍の物語であったが、何れも凡庸な出来で、これまでの成功作によって高まったジーンの名声を落とすことになった。

両者に挟まれ一九五二年夏から製作が始まったのが、ジーンがかねてから望んでいた純粋なバレエ映画、「舞踏への招待」（'56）だった。「世界中の人々にジーン・ケリーやフレッド・アステア以外に素晴らしいダンサーがいることを知ってもらうこと」と「一生のうちでバレエを見る機会なんてない[60]」人々に見てもらうことを目的に企画したこの映画は、バレエのみの四つのパートからなるオムニバス形式で、全編ジーンの監督、振付けであった。

当初ジーン自身は出演する予定がなかったが、興行成績を心配するＭＧＭに説得され、結局彼も出演することになった。英国ＭＧＭスタジオで撮影されたこの作品には、タマラ・トゥマノヴァ、トミー・ロール、クロード・ベッシー、ダイアナ・アダムス、イゴール・ユスケヴィッチなど欧米の有名ダンサーが起用されたが、当初から様々な困難に直面することになった。舞踊シーンの撮影に不慣れなスタッフ、カメラの前で踊った経験がなく、ジーンの振付けスタイルにもなじめないダンサーたち、そして彼らのスケジュール調整など問題が山積したのだ。ようやく十二月に撮影が終了した「舞踏への招待」は、第四話「シンドバッド」でアニメーションのキャラクターと踊る部分があるため、仕上げはアメリカで行われた。完成した作品は第三話——様々なヒット曲にのせて各ダンサーが踊る——が削除され、全三話に短縮させられた。それでも興行を不安視するＭＧＭは公開を先延ばしにし、最終的に封切られたのは一九五六年になってからのことであった。不安は的中し興行成績は惨憺たるものになった。

「舞踏への招待」を今日ビデオやＤＶＤで詳細に見ると、優れたダンスシーンがあるばかりか、当時の一流ダンサーの記録映像としても貴重で、色々と楽しめる作品である。しかし、仮に映画館で全編を通して見せられれば退屈してしまうというのが観客の本音ではないだろうか。そもそもバレエを見たことがない人々に本格的なバレエを見せてあげたいという発想も、一九三〇年代や四十年代のものである。テレビが普及しつつあったこの時代には、バレエを目にする機会も増えていた。さらに撮影所が公開を五十六年まで延期したことは、テレビの普及、観客数の減少を考えると興行成績の悪さに追い打ちをかけたと思われる。力作ではあったが、純粋なダンス映画という意味で観客との接点を欠き、製作された時期も悪すぎた。結果としてこの映画の失敗もジーンの業界でのステータスを落とすものとなった。

一九五三年七月にハリウッドに戻ったジーンが取り掛かった次の仕事が「ブリガドーン」（'54）だった。アラン・ジェイ・ラーナー、フレデリック・ロウのコンビが作詞、作曲し、一九四七年にブロードウェイでヒットした同名ミュージカルの映画化である。映画化にあたってはラーナー自身が脚本を書き、監督ヴィンセント・ミネリ、主演と振付けはジーンと、「巴里のアメリカ人」と同じ布陣となった。ストーリーは次のようであった。

二人のアメリカ人トミーとジェフが休暇を利用し狩猟にスコットランドへやって来

る。道に迷った二人は百年に一度だけ地上に姿を現すという伝説の村、ブリガドーンにたどり着き、トミーは村の娘フィオーナを愛するようになる。ニューヨークへ帰った二人だが、真実の愛に目覚めたトミーはスコットランドへ戻る。

すでに五十三年五月、滞在中のパリでジーンはフリードと会い、スコットランドでロケハンまで行っていた。当初の予定では野外ロケをスコットランドで、室内シーンは英国ボアハム・ウッドのＭＧＭスタジオで、ミュージカル・シーンはハリウッドで撮影する目論見であった。だが、資金に乏しいＭＧＭから英国ロケの許可が下りず、ジーンを落胆させることになった。恋人役のフィオーナにモイラ・シアラー、相棒のジェフにはドナルド・オコンナーが考えられたがそれぞれの事情で実現できず、シド・シャリースとヴァン・ジョンソンに落ち着いた。テレビから観客を取り戻すため、当時各スタジオはワイドスクリーンや３Ｄを売り物にした映画を次々と公開していた。このブームに乗り、ＭＧＭも「ブリガドーン」をシネマスコープで撮影することに決定した。横に広い画面を生かすには本来雄大な景色を撮影できるロケーションが望ましかったが、スタジオ撮影ではそれもかなわなかった。やむを得ず三つのサウンド・ステージを一つにして巨大なスコットランド高地のパノラマが描かれ、そこにブリガドーンの村のセットも作り上げられた。

完成した作品は初めてのシネマスコープとしては横長の画面を上手く活用した撮影や振付けがなされており、工夫が感じられる。一方、雄大なスコットランド高地を描いたパノラマは、それ自体の出来は素晴らしいにしても、どうしても作り物感をぬぐえなかった。だが最も問題なのは、全体のストーリー展開も含めたテンポの遅さ、つい口ずさみたくなる曲の不足、登場人物の魅力の乏しさにあった。成功した過去の作品にあったスピード感、快活さや楽しさに欠け、スター自身の魅力も含めた登場人物の吸引力も足りなかった。ヒースの丘でジーンとシャリースが踊るロマンティックなパ・ドゥ・ドゥ、村を脱出しようとする若者への緊迫感にあふれた追撃シーン、マンハッタンのバーでの喧噪など振付けや演出に見るべき部分もあったが、全体とすると「舞台作品の良くできた映画化」の域を出なかった。

一九五三年十二月から翌年の三月にかけて撮影された「ブリガドーン」はアメリカでは九月にシネマスコープとして公開された。製作費二三五万ドルに対し興行収入三三八万五千ドルが公式な数字だが、エディ・マニックスが保持していた原簿によると、実際は一五五万五千ドルの赤字だったという。

その後ジーンは、作曲家ジグムント・ロンバーグの半生を描いたミュージカル、「我が心に君深く」（'54）に弟のフレッドとゲスト出演した後、アーサー・フリードの下での最後の作品となるミュージカル「いつも上天気」（'55）に取り組むこととなる。

コムデンとグリーンは「踊る大紐育」の十年後を描くミュージカルのアイデアを持っていた。ブロードウェイでの上演が目的であったが、このアイデアを気に入ったジーンとフリードはすぐに映画化に動いた。当初、主人公三人を前作と同じキャストにする案も考えられていた。しかし、当時のシナトラは「地上より永遠に」（'53）の演技でアカデミー賞の助演男優賞を獲得するなど上り調子で、元水兵がふざけ回るような映画に付き合う気はなかった。MGMも緊縮財政の折、出演料の高騰を心配していた。ジーンは代わりにダンス中心の配役を考え、ダン・デイリーと振付家のマイケル・キッドを兵隊仲間に選んだ。そのほか、テレビ番組のプロデューサーにシド・シャリース、番組司会者にドロレス・グレイが決まった。監督をジーンとスタンリー・ドーネン、振付けもジーンが務めた。

復員した三人の兵士――ジーン、キッド、デイリー――は十年後の再会を約束して別れる。一九五五年の同じ日にニューヨークに集まった三人だが、すでに互いに共通するものはなくなっていた。各自の境遇も異なり、それぞれに悩みを抱えていた。食事をしても気まずい雰囲気が漂った。たまたま知り合ったシャリースによってテレビ番組で三人の再会が取り上げられることになったが、放映中にジーンを追うボクシングのプロモーター一味が乱入。三人が協力して撃退したことから元の仲間意識を取り戻し、最後は十年前と同様に別れて行く。

この映画では「ブリガドーン」にも増して、シネマスコープの画面を有効に使う様々な工夫がほどこされた。三分割した画面で三人それぞれの生活やダンスを見せ、逆に再会の場面ではあえて他の二人を黒く覆い、一人の人物の心の内を表現することに集中できるようにした。また振付けでも少人数のダンスでありながら画面を左右の端まで有効に使うよう考えられた。三人が片足にゴミの缶の蓋をつけて踊るダンスも楽しめたが、ジーンが得意のローラースケートをはいて町中を滑る〝アイ・ライク・マイセルフ〟では、スケートのなめらかな移動によって、単独のダンスでありながら広い画面を縦横に使うことができた。シャリースがボクシングジムの人々と歌い踊る〝ベイビー、ユー・ノック・ミー・アウト〟では、彼女の素晴らしいスタイルと切れのよいダンスが堪能できた。「雨に唄えば」当時と比べ貫禄とでも言ってよいほど彼女の存在感は増していた。

「いつも上天気」は「踊る大紐育」に比べシニカルで、単純に楽しめるミュージカルにはならなかった。反面、テレビへの風刺、人間の裏の感情を描くなど、より新しい時代のミュージカルへの移行をうかがわせる作品でもあった。批評家には概ね好評だった。

しかし、製作の現場はもはや以前とは異なっていた。予算は削られ、これまでの映画に比べセットも貧弱になった。ジーンに忠誠を尽くしていたキャロル・ヘイニーはブロードウェイ・ミュージカル「パジャマゲーム」で成功し、すでにチームを離れていた。共同監督のドーネンはかつてのジーンを師と仰ぐ存在ではなくなっていた。単独で監督を務め自信をつけたためか、互いの方針は折り合わず、撮影中もジーンとの反目が続いた。後にドーネンはこの頃のことを次のように語っている。

「当時ケリーとは本当に共同監督はしたくなかったんだ。……僕らは初めから終わりまで争わなくちゃならなかった。断言できることは、あれは一〇〇％悪夢だったってことだ(61)」

マイケル・キッドは自身のナンバーが公開版から削られたことを侮辱と捉え、後にジーンを激しく批判することになる。本来調整役になるべきはずのフリードだが、映画プロデューサー協会の会長職で忙しく、不在がちだった。そしてミュージカルに対するMGMの扱いもこれまでとは違っていた。ミュージカル映画として丁寧に大衆に浸透させることをせず、ドライヴィン・シアターでは現代版西部劇とでも言うべき「日本人の勲章」('55)と二本立てにして上映された。シネマスコープを上映できない映画館も多く、画面の両側や下部がカットされて映写されていた。

一九五五年九月に封切られた「いつも上天気」は、公表されている数字でも経費二〇六万ドルに対し興行収入は二四八万五千ドルにとどまった。エディ・マニックスの原簿によると、この作品も実際は大幅な赤字だったという。娯楽メディアとしての映画の凋落やジーンの奮闘を支えるはずのスタジオの衰退は明らかだった。もはや彼に活躍の余地は残されていなかった。

第十章　終了

ジーンへの新しい企画の提案もほとんどなくなっていた頃、サミュエル・ゴールドウィンからMGMへ「野郎どもと女たち」（'55）の主役のギャンブラー、スカイ・マスターソン役の依頼が舞い込む。ジーンは大いに期待したが、MGMはその依頼を一方的に断った。彼は激しく憤った。

「スカイみたいな役は、一生に一、二度来るかどうかっていうくらいのものだ。パル・ジョーイの時がそうだけど、奇跡中の奇跡なんだ。ゴールドウィンはその二回目の奇跡を起こすはずだった。僕はスカイを演じるために生まれてきたんだ。ゲーブルがレット・バトラーを演じるために生まれたのと同じようにね。それをMGMの馬鹿野郎が貸し出しを断ったんだ(62)」

彼とエージェントのルー・ワッサーマンは慌ててニューヨークへ飛び、ニコラス・

スケンクに会った。出演を許可するよう懇願する二人だったが、スケンクはゴールドウィンとの過去の経緯を理由に首を縦に振らなかった。打ちひしがれてハリウッドに戻ったジーンにゴールドウィンは二ヶ月待つと言ってくれたが、事情は変わらなかった。マスターソン役はマーロン・ブランドに決まった。

ミュージカルの製作も減り、MGMに自身の居場所がないと感じたジーンは、一九五六年ついに契約解除を申し出る。交渉の末申し出は許可されたが、次のような条件付きであった。彼がMGMでもう二本の映画を作ることと、ジーンが当時準備を進め、独立プロダクションを通じて公開予定だった映画「ハッピー・ロード」（'57）の先買権をMGMに与えることであった。しかし、一九五七年の初め、MGMの最高責任者ベニー・タウ（ドーア・シャーリーは五十六年十一月にMGMをすでに追われていた）から連絡があった。主演もプロデューサーも予算も決まっている映画「愛のトンネル」（'58）を三週間で撮影する仕事を引き受けてくれれば、「ハッピー・ロード」も上記の二本に含めるという内容だった。ジーンはこれに応じ、「愛のトンネル」の監督を務めた。撮影はMGM退社後の一九五八年一月から二月にかけて行われた。

プライベートでも重大な出来事があった。「ハッピー・ロード」の撮影中、かねて関係が疎遠になっていた妻のベッツィ・ブレアとの離婚が具体化し、ついに一九五七年四月、正式に離婚が成立したのだ。十五年間の結婚生活であった。娘のケリーによればこの離婚は彼にとって大きな挫折だったという。仕事においても私生活においても、理想を求めて突き進んでいた彼の姿は過去のものとなった。

ＭＧＭ最後の作品は、監督も振付けも望まず主演だけの予定で参加した「魅惑の巴里」（'57）だった。監督は女性映画に定評のあるジョージ・キューカー、音楽はコール・ポーター。そして振付けは「シアトリカル・ジャズ・ダンスの父」と呼ばれるジャック・コールだった。

ジャック・コールは一九一一年、ニュージャージーの生まれ。バレエやモダンダンスの訓練を受けた後、インドや東南アジアの舞踊を習得し、それらを融合した独自のスタイルを作り上げた。三十年代以降、ナイトクラブやブロードウェイで振付けにダンスにと活躍し、四十年代にはコロンビアの撮影所内に自身のダンス教室を持ち、独自のメソッドでダンサーを育てた。多くのミュージカル映画でも振付けを手がけ、リタ・ヘイワースやマリリン・モンローなどの指導も行っている。「ジャズダンスの基本的語彙を作り上げた」と言われるコールは後の世代にも強い影響を与えた。その中には、直接の弟子であるグウェン・バードンやキャロル・ヘイニーだけでなく、ジェローム・ロビンズ、ボブ・フォッシー、ガワー・チャンピオン、マイケル・ベネットらブロードウェイの著名振付家も含まれていた。東洋風の身体操作や感情を抑えたクールな表現法など、ある意味でジーンとは対極にある振付家であった。

「魅惑の巴里」のストーリーは次のようである。

〝バリー・ニコルズ&レ・ガールズ〟は、かつて欧州で活躍した歌とダンスのグループ。リーダーで振付家のバリー(ジーン)と三人の女性ダンサー――シビル(ケイ・ケンドール)、アンジェル(タイナ・エルグ)、ジョイ(ミッツィ・ゲイナー)――が中心メンバーだった。

英国貴族と結婚したシビルが回想記を出版するが、その内容に名誉を傷つけられたとアンジェルが訴えを起こし、ロンドンで裁判が始まる。証言台にシビル、アンジェル、バリーの三人が立ち当時の人間関係を語るが、それぞれの話は全く異なっていた。バリーの証言の結果誰も傷つかないことになり、裁判は和解で決着する。しかし、法廷を出たバリーが乗り込んだ車には彼の妻となったジョイが居り、その辛らつな言葉に結局何が真実なのか判らないまま終わる。

証言者同士の話が食い違い真実が判らぬままという、いわゆる「羅生門スタイル」の物語である。証言それぞれのバランスがとれず矛盾もあると批判され、残念ながら今日あまり評価の高い映画ではない。しかし、皮肉の効いたストーリー、華やかで洒落たミュージカルシーン、美しい女優たちなど、小粒ではあるがよくできた作品ではないかと思う。映画冒頭のタイトルナンバー〝レ・ガールズ〟は、東洋風の動きを織り込みながらソフィスティケートされたコールならではの振付けだが、踊るジーンにはどこか生彩がなかった。体のさばきに洒脱さが足りず、回転する時の体の軸もかなりぶれていた。振付けのコールはジーンにこれまでの彼とは違うシックで洗練されたダンスを期待したが、うまくいかなかったと次のように語っている。

「……結局のところ、企画の段階では〝魅惑の巴里〟はすごくおしゃれな作品になるはずだった。でもそれほど良くならないだろうって判っていたよ。この映画でジーンのアシスタントをしていたジニー・コインも、そういうことは忘れるようにと言ってくれた。ジーンのキャリアも終盤に差し掛かったこの時期に、自分のスタイルは変えられないってね。ジーンについて言えば、彼は実際のダンス自体よりナンバーの振付けや演出に遥かに興味を持っていた。それが僕らが違うところであり、互いに上手くいかなかった原因だと思うんだ(63)」

専門家から敬愛されるコールと、大衆に愛されるダンス作りに秀でたジーンの出会いはこれきりになったが、残念ながら二人の間に新しいものは生まれなかった。途中、コールが肝炎のため仕事を退き、ジーンが一曲振付けることになった。与えられたナンバーは〝どうして俺はあの娘に首ったけなんだ〟。マーロン・ブランド主演で一九五三年にヒットした映画「乱暴者(あばれもの)」をパロディーにしたこのナンバーは、皮肉なことに作品中で最も評価の高いダンスとなった。

革ジャン姿のバイカーの一団がダイナーにやって来る。店のウエイトレスがミッツィ・ゲイナー。リーダーのジーンが口説こうとするが彼女にじらされる。喧嘩から次第に心が通い合い、互いの気持ちは高まるが、仲間が呼びに来てジーンは去る。照明が落ちる中一人残された彼女が寂しくたたずみ、ダンスは終わる。

セットはカウンターにジュークボックス、数個のテーブルと椅子のみと簡素だが、殴り書きのように壁に塗られた赤のペイントが斬新でゴージャス感さえ漂う。ゲイナーへのからかいから争いを経て次第に打ち解けてゆくまで、心の変化が自然に描かれ、気持ちのやりとりまで読み取れる。途中テンポを上げたダンスで二人の喜びを表現するが、肩や背中を固めて踊るスタイルがジーンのこれまでの振付けにないモダンさである。彼自身も生き生きとして体のバネが利き、踊ることを楽しんでいるように見える。ゲイナーのダンスもシャープで切れがあり、彼女のキャリアの中でも最上の部類に入るパフォーマンスとなった。

一九五七年十月に公開された「魅惑の巴里」はヨーロッパで評判が良く、計三八六万五千ドルの興行収入を得たが、製作費がかさみ最終的に一六三万五千ドルの赤字を計上した。時代を代表する音楽はすでにジャズからロックへと移り変わっていた。ジーンのＭＧＭとの契約は終了した。

第十一章　長いエピローグ

ＭＧＭ退社以降のジーンの仕事を駆け足でたどってみたいが、その前に重要な出来事がある。一九五八年の春、スイスでスキーをしていたジーンは溶けかけた雪にぶつかって転倒し、膝の軟骨が裂ける重傷を負った。幸い手術にまでは至らなかったが、それ以降、元のように全力で踊ることはできなくなったと述懐している。すでに肉体的にも本格的なミュージカルは困難になっていた。

さて一九五八年五月に取りかかった仕事が、久しぶりにブロードウェイに戻って演出した「フラワー・ドラム・ソング」。アメリカに移民した中国人の家庭問題を扱ったこのミュージカルは、リチャード・ロジャースとオスカー・ハマースタイン二世の作品としてはストーリーや音楽に魅力が乏しかった。ジーンは脚本の中にある温かさや優しさに焦点を当て、批評家よりも観客を意識した芝居作りを心がけた。結果は狙い通りとなり、観客から好評を得て公演数六百回を誇るヒット作となった。

この年、テレビでも重要な仕事をしている。ＮＢＣテレビからの依頼で、ジーンは

「ダンスは男のゲーム」という名のドキュメンタリーを製作した。かねてからの持論である「ダンスはスポーツと体の使い方が共通しており、男性的なものだ」という考えを証明するため、ニューヨーク・ヤンキースの主砲、ミッキー・マントルやボクサーのシュガー・レイ・ロビンソンなど当時の一流アスリートを招き、その動きとダンスの共通点を解説した番組である。視聴者からも好評を博した同作は、エミー賞の振付部門にノミネートされたほか、ダンスマガジンから年間最高テレビ番組として表彰された。

翌五十九年にはNBCで彼をホストにした二本のショーが作られた。どちらも好評だったが、そのうちの一本では「舞踏への招待」に出演したパリ・オペラ座バレエのエトワール、クロード・ベッシーと再共演を果たした。

その縁もあってか、一九六〇年にはパリ・オペラ座から招聘され、アメリカ人として初めて同バレエ団の振付けを行っている。バレエ・ダンサー達にジャズのリズムに即した動きを教えるのは難しかったが、三ヶ月の稽古期間を経て七月に始まった公演は、観客の圧倒的な支持を得ることができた。彼のこれまでの功績が評価され、レジョン・ド・ヌール勲章も授与されている。

その翌月、ピッツバーグ時代から常にジーンの側にいて彼を支えたジニー・コインと結婚する。結婚生活は順調だったが、ジーンの生活は一八〇度変わった。前妻のベッツィと比べてジニーは社交的ではなかった。その性格を反映し、かつて土曜の夜にハリウッドやニューヨークの有名人達であふれかえったジーン家は、クリスマスパーティー以外ほとんど来客もなくひっそりと静まりかえるようになった。まるでハリウッドの衰退をそのまま反映するかのようであった。ジニーとの間に男女二人の子供が生まれるが、家庭を大切にしたいと考えたジーンはできるだけロサンゼルスを離れることを避けた。そのため様々な企画がもたらされても断らざるを得ず、活動の幅は狭まった。

テレビではABCで一九六二年から六十三年にかけ、「我が道を往く」のオマリー神父を演じている。かつてビング・クロスビー主演で映画化され、一九四五年のアカデミー作品賞を受賞した名作のテレビシリーズ化で、計三十作が作られた。残念ながら米国内では高い視聴率を挙げることはできなかったが、海外のカトリック国では好評だったという。

そのほかジーンを中心にした単発のショー番組にも出演している。さらに六十七年には、NBCで子供向け番組「ジャックと豆の木」に出演し、演出も担当した。実写とアニメーションを組み合わせた番組作りが評価され、エミー賞を児童部門で受賞している。

映画出演に関しては、ナタリー・ウッドと共演した「初恋」（'58）がヒットした以降、準主役かゲスト出演程度の作品しかなく、ヒット作にも恵まれなかった。監督やプロデューサーとして関わる予定の企画も様々な事情で実現しないことが多かった。

一九六七年、「シェルブールの雨傘」を監督したジャック・ドミーから次のミュージカル「ロシュフォールの恋人たち」への出演を要請される。家を離れることに気が進まなかったジーンだが、久しぶりのミュージカルであることや六週間のみの契約であることから、出演を了承しフランスへ渡った。カトリーヌ・ドヌーヴと姉のフランソワーズ・ドルレアックを主演に撮影された「ロシュフォールの恋人たち」は、明るくカラフルな作品には仕上がったものの、残念ながら出来の良いミュージカルとは言えなかった。ジーンの活躍する場面も少なく、彼のキャリアの凋落を挽回することにはならなかった。

その前年十一月から六十七年一月にかけ、ジーンは二十世紀フォックスでセクシー・コメディー「プレイラブ48章」を監督している。以前から仕事を共にしていたプロデューサー、フランク・マッカーシーが持ち込んだこの企画は、既婚の中年男ポールが友人エドのアドヴァイスで浮気を楽しもうとするが、結局妻を裏切れなかったという話。主人公のポールをウォルター・マッソー、浮気の指南役エドをロバート・モースが演じたほか、ルシル・ボール、ジャック・ベニー、テリー・トーマス、ジェーン・マンスフィールドらがゲスト出演し、作品を賑わせた。一つ間違うと下品になりがちな内容をジーンが現代的なセンスで仕上げた「プレイラブ48章」は、予算二五〇万ドルに対し米国内の興行収入のみで五五〇万ドルを記録し、二十世紀フォックスでは一九六七年最大のヒット作となった。

これに気をよくしたフォックスのトップ、リチャード・ザナックはブロードウェイ・ミュージカル「ハロー・ドーリー!」の映画化に当たり、ジーンに監督を依頼した。「ハロー・ドーリー!」は十九世紀末のニューヨークを舞台に、お節介な仲人業の女性ドーリーと飼料店を営む金持ちでケチなホーレスを中心に繰り広げられるコメディーである。一九六四年一月の初演以来その上演回数は二八四四を数え、当時のロングラン記録を打ち立てたほどの大ヒット作だった。当初十八ヶ月間キャロル・チャニングが主演を務めた後、ジンジャー・ロジャース、マーサ・レイ、ベティ・グレイブル、フィリス・ディラー、エセル・マーマンらに引き継がれ、一九六七年にはオール黒人キャストによる再演出も行われている。

映画化に当たってのスタッフは、製作、脚本に「サウンド・オブ・ミュージック」

と「ウエスト・サイド物語」の脚本を担当したアーネスト・レーマン、ドーリー役は映画「ファニー・ガール」がヒットしたばかりのバーブラ・ストライサンド、振付けにマイケル・キッド、衣装デザインはアイリーン・シャラフと最強の布陣と言って良かった。

しかし、本来中年女性であるべきドーリーを二十六歳のストライサンドが演ずることには無理があり、役を引き受けた彼女も不安を抱えていた。その結果、不安と強気が交錯し様々な注文を出すストライサンドは、相手役のウォルター・マッソーとの間にいさかいが絶えなかった。ストライサンドは役作りへの明確な指導を求めてジーンにも不満を抱いていたため、ジーンは休日に彼女と二人だけで稽古や指導を行ったという。

二五〇〇万ドルの予算と四ヶ月の撮影期間をかけた「ハロー・ドーリー！」は、撮影所の外に一八九〇年のニューヨークの街角を再現するなど、二十世紀フォックス期待の大作ミュージカルであった。だが、元々起伏に乏しいストーリーが映画になると更に目につくほか、観客の感情移入できる人物に欠けるなど、二時間半の上映時間を一層長く感じさせる欠点があった。そもそも映画化に適さない題材だったのかも知れないが、それを書き直すことが可能な時代ではなくなっていた。ブロードウェイと映画の力関係は逆転していた。加えて、アーサー・フリードのように書き換えを可能にするプロデューサーもいなかった。映画の内容からして、ジーンが得意とする現代的な題材をダンスを媒介にして描いていくミュージカルとは異なっていた。新しさを前面に押し出す類いの作品ではなかった。とはいえ、「ハロー・ドーリー!」がお金をかけてきちんと作られたミュージカルであることは間違いない。インターミッションに入る直前に繰り広げられる公園での群舞からパレードまでのシーンなどは、その華やかさや衣装、振付け、カメラワークも含めて観客を十分に納得させるだけの素晴らしいできばえだった。

「ハロー・ドーリー!」は音楽、音響、美術部門でアカデミー賞を受賞したほか、作品賞にノミネートされるなどそれなりに評価された作品である。しかし、残念なことに、当時二十世紀フォックスが矢継ぎ早に公開していたミュージカル「ドリトル先生不思議な旅」（'67）、「スター!」（'68）と同様、最終的には大幅な赤字に終わった。ジーンが大作映画を監督する機会はこれ以降二度と訪れなかった。

この後のジーンの仕事はラスヴェガス公演、ジェームズ・スチュアート主演西部劇の監督もあったが、次第にテレビのショー番組が主になっていく。しかし、一九七〇年代最大のトピックはMGM創立五十周年を記念して製作された「ザッツ・エンタテインメント」（'74）の大ヒットだろう。

MGM創立以来のミュージカルの名場面をスターたちが紹介していくこのアンソロジーは、中年以上の観客には懐かしさと共に、そして若い年代には驚きと共に迎えられ、二十年代末から五十年代のMGMミュージカルの素晴らしさを世間に再認識させることになった。それはそのままジーンの業績が評価し直されることをも意味していた。続編の「ザッツ・エンタテインメントPART2」（'76）ではフレッド・アステアと久しぶりに共演し進行役を務めたばかりか、出演部分の演出も行っている。

一方悲しい出来事もあった。一九七二年三月、妻のジニーが白血病と診断され、闘病の末、翌年の五月に亡くなっている。

一九八〇年代に入ってからは、最後のミュージカル映画出演となった「ザナドゥ」（'80）や、「ザッツ・エンタテインメント」シリーズの番外編とも言える「ザッツ・ダンシング！」（'84）へのエグゼクティヴ・プロデューサー兼ホストとしての参加がある。さらに一九八二年にはケネディ・センターから、八十五年にはAFI（アメリカン・フィルム・インスティテュート）からそれぞれ生涯功労賞を授与されている。これらの受賞は彼の映画ミュージカルに対する貢献が正しく評価された結果であり、彼の人生にとって大きな意義のある出来事であった。

その後は余生を過ごしながら、いくつかのテレビ番組への出演や大学での講演なども行っている。体の衰えは徐々に進行していったが、自分たちが身につけたミュージカルの作り方を後の世代に伝えたいという情熱は絶やさなかった。一九九〇年には五年前から自伝の執筆に協力していた三十一歳のパトリシア・ウォードと結婚。九十三年に最後の映画となった「ザッツ・エンタテインメントPART3」（'94）へ出演するが、九四年七月に脳卒中の発作を起こし七週間入院することになる。その後は人と会うことも少なくなり、一九九六年二月二日、三度目の発作を起こし八十三年の生涯を終えた。

MGMを辞めてからのジーンの人生を概観してみると、不幸な出来事はあったものの、一般的な基準に照らせば決して惨めなものではない。見方によってはいくつもの栄誉や賞に輝き、素晴らしいものだったとも言える。しかし、ミュージカル映画の可能性を時代の先頭に立って切り開いて行ったMGMでの最初の十年間と比較すると、どうしても物足りなさが残る。加えて、その後に残された時間があまりに長かった。家庭を離れることを厭い、監督として振付家としての実力を発揮する場を狭めてしまったことも残念であった。

歴史において何事かをなす場合、必要な人物が時と場所を得て現れることがある。

ジーン・ケリーの場合もそうだった。ルイ・B・メイヤーに反発しながらも結果的にMGMと契約し、周囲との軋轢を克服しつつスタジオ内で自身の地位を築いた。磨き込んだダンスの実力とミュージカル映画革新への情熱を持って前進を続け、その成果が戦後の数年で花開いた。そこには映画が娯楽の中心であった時代の余裕があった。ミュージカルを量産していたスタジオがあった。ミュージカル製作に必要な才能の集団があった。ミュージカルというジャンルも未熟で、前途にはまだ広大なフロンティアが広がっていた。そんな時代と環境の中で彼は奮闘してきた。その時点でMGMはジーン・ケリーのおもちゃ箱だった。箱にあるおもちゃを使って思いのままに遊ぶことができた。生まれた作品は今日に至るまで名作としての地位を保ち続けた。だが、おもちゃ箱で遊べる子供時代は長くは続かない。気づかぬうちに時代は変わり、楽しい子供時代は終わりを告げた。いつの間にか外の世界の苦さを味わう大人になっていた。周囲から仲間はいなくなった。

やがてダンスという翼を失ったジーンは、監督として月日を過ごしていく。だが監督・振付けに専念するジーンにとってどうしても手に入れられないものがあった。ミュージカル映画の製作に適した環境だけではない。最も必要な「主演ジーン・ケリー」の存在である。

ジーン・ケリーの生涯をたどりながら彼がミュージカル映画にもたらした進歩について考えてきた。揺籃期のミュージカルはたわいもないストーリーに話の筋とは直接関係がない歌やダンスを織り交ぜ、観客がとにかく楽しむための娯楽に過ぎなかった。やがてきちんとした人間ドラマが描かれるようになり、それに伴って歌詞や音楽もストーリーと関連性を持ち、登場人物の感情や場面の雰囲気を表現するようになった。さらにダンスも登場人物の性格や心理を表現する役割を担うようになった。場合によっては台詞では描けない人間の内面をダンスが表現し、登場人物の描写を深めることさえあった。ジーンがブロードウェイを経て映画界に登場したのは、ちょうどこのような進化が続いていた頃のことである。

もちろん彼が映画界に登場する以前の一九三〇年代にも、ミュージカル映画は進歩を続けていた。だがそれは、アステア映画に代表される個々のダンスをいかに描くかの進歩であり、バズビー・バークレイに象徴される一種のスペクタクルとしてのミュージカル・シーンの進化であった。ジーン・ケリーの功績は舞台で発展していた歌やダンスの役割の深化を映画に持ち込んだことと、ダンスのレパートリーを広げ、ごく普通の労働者のためのダンススタイルを確立したことである。これによってミュージカル映画のダンスは古い様式から解放され、より現実的な環境で市井の人々の息づかいが聞こえるものに生まれ変わった。またジーンは、演劇と映画のメディアとしての違いを観察し、劇場で得られる興奮をいかにスクリーンを通して再現するかを模索した。さらにそこを一歩進め、映画でしか実現できないミュージカル・シーンやダンスの表現方法を生み出した。その努力が一九四〇年代末から五十年代初めにかけての一連の作品に結実し、古典的なミュージカル・コメディーとしてはこの時点である種の完成形に至った。

この後ミュージカルは、題材において政治や戦争、社会問題、犯罪や殺人、差別、同性愛などとその範囲を広げ、深い人物描写も行われるようになった。カメラや撮影技術の進歩、コンピューター・グラフィックスの出現などにより、表現の可能性も拡大した。しかし作り手の持ち駒が増えたとは言え、それによって傑作が次々と生まれることにはならなかった。一九六〇年代以降、優れたミュージカル映画はいくつもあるが、いまだに「雨に唄えば」を超えたと言われる作品は生まれていない。まるで豊かさの中で作り手が進むべき方向を見失ったかのようである。そこを考えると、スタジオ・システムの全盛時代は技術も題材も限定されていたからこそ、前進すべき方向が明確だったとも言える。制限が多かったからこそ、その中で深さを究められたのかもしれない。未成熟であったからこそ進歩を求めて多くの情熱が注がれたとも言える。

ここでもう一度本書冒頭の疑問に立ち返ってみよう。彼の映画デビューが遅れたことは良かったのか悪かったのかという疑問である。遅くなったことで即戦力として活躍できたのか、スタジオシステムの黄金時代をわずかの間しか享受できないはめに陥ったのか。もちろん正しい答えなどあろうはずがない。両方だと言ってしまえば身も蓋もない。だがこれだけは言える。かつてあのような熱気を持ってミュージカルを作っていた時代があったということ。そして今も彼の残した作品を観ることができる幸いがあるということである。

第二部

ガール・ハント・バレエ

一九五三年公開のミュージカル映画、「バンド・ワゴン」（監督 ヴィンセント・ミネリ）はフレッド・アステアの代表作の一つである。落ち目のミュージカル・スターのブロードウェイ復帰を題材に、製作から上演までのドタバタを描いたこの作品には、優れたプロダクション・ナンバーが数多く登場する。その一つが、同作の終盤、舞台公演の形で演じられる〝ガール・ハント・バレエ〟（振付 マイケル・キッド）である。ミッキー・スピレーン風探偵小説にミネリ好みのシュールな感覚を加えたこのダンスは、秀作揃いの同作品ナンバー中でも最高と讃えられている。しかしこのナンバーを最初に見た時から、何とも言えない違和感が私の中にあった。

もっとも、違和感があるからと言って、ここでアステアの踊りが良くないとか、振付けがまずいと言いたいのではない。アステアは相変わらず上手いし、シド・シャリースは美しい。酒場の雑踏シーンでは、ダンサーの動きは躍動的で猥雑なエネルギーに満ちている。だが、何かが欠けている。どこかスカスカと隙間があるような物足りなさが感じられる。

当初アステアはこのナンバーに気が進まず、自分にうまく踊れるかと不安を口にしていたという。それでも踊ってしまえばそれなりの水準に仕上がるのは、もちろん彼の実力あってのことだが、技術では覆いきれない根本的な欠落がここにはある。それは何か？

アステアの体が貧弱に見えるのだ。


ハードボイルド小説の探偵と聞くと私が無意識に期待してしまうのは、「厚い胸板」、「頑丈な顎」、「太い腕」。そして、その肉体から発するタフで自信に満ちた暴力性と、孤独なセクシャリティー。しかしこのナンバーに見るアステアの体からは、これらの要素がみごとに抜け落ちている。身体を覆うべき質量感と重みに欠けている。ナンバー全体を通してどこか「スカスカ」した違和感がぬぐいきれなかった原因は、この「豊かな筋肉から発する身体性」の欠如だったのだ。

古くから芝居で役者の個性に合わない役を演じることを、その役者の「人《にん》にない」と言う。どんな名人上手でも、その人の柄に合わない――「人にない」――役をやると、しっくりこない。逆に、たとえ下手な役者でも、個性と役柄がぴたりと合えば見栄えがするばかりか、役の本質をも十分表現することができる。ちょうどそれと同じことが起きているのだ。この探偵はアステアにとって「人にない」役だったのだ。

フレッド・アステアについて語るにあたり、最初にわざわざ〝ガール・ハント・バレエ〟を持ち出したのには理由がある。それはこのナンバーが、彼の身体にはおよそ暴力やセクシャリティーを表現すべき筋肉の質感が欠けていることを明らかにしているからだ。ダンスの上手さや振付けの斬新さでは隠し切れないこのアステアの特質は、彼のダンスが性と暴力で象徴される「現代」を表現できないという限界を露呈させている。しかしまさにそれだからこそ、アステアのダンスが時間を超えた「永遠性」を獲得した理由をも同時に語っているのだ。故意か偶然かはわからないが、筋肉の質感を捨て去ったことでアステアはアステア自身になった。

では、筋肉の質感を捨て去ったことの代償として彼に「永遠性」をもたらした身体の本質とは、一体何なのだろうか。

一般に、優れたダンスがあれば、そこには見る者に何かを訴えかける踊り手の身体が存在する。そして身体を考えれば、その因って立つ構造的裏付けについて探らざるを得ない。これからフレッド・アステアを中心に、ダンスの本質と、そこで生み出される踊りの深さについて考えていくにあたり、ダンサーの身体について考えることを避けて通ることはできない。このことを念頭に、これから優れた舞踊の身体とは何かを私なりに考えてみたい。

経歴

フレッド・アステア（本名フレデリック・アオステルリッツ）は一八九九年五月十日、ネブラスカ州オマハに生まれた。オーストリア出身の父フレデリックに、母アン、二歳年上の姉アデールの四人家族である。二十世紀初頭のアメリカは禁酒運動が高まった時代で、醸造所勤務の父親もその影響を受け失業する。これを機に、ダンスに非凡な才能を示すアデールのため進んだレッスンを受けさせようと、母と姉弟は一九〇五年一月、ニューヨークに移り住むことになる。

ダンススクールに通った姉弟は、同年十一月には早くもプロとして舞台に立つと、翌一九〇六年からは〝ジ・アステアズ〟としてヴォードヴィルの全米巡業に参加する。やがてアデールが成長期に入ると、子供向けに演出された出し物を演じることが困難になった。二人は一九〇九年に一旦舞台を離れ、二年間の学校教育を受けることになる。十一年末、新たな演目を携えた彼らは再びヴォードヴィルのツアーに参加する。やがて成長と共に頭角を現した二人は、十五年からは各地の一流劇場に出演するようになる。

一九一七年十一月、レヴュー「オーヴァー・ザ・トップ」で初めてブロードウェイに進出したアステア姉弟は、その後もレヴューやミュージカルへの出演が続いた。明るく軽やかな二人の踊りは、いずれの作品でも観客や批評家から絶賛を浴びた。ついに一九二二年、「ザ・バンチ・アンド・ジュディ」で初の主役を務めた後は、ニューヨークとロンドンを行き来しながら、ジョージ・ガーシュインら一流作曲家の作品で次々とロングランを記録。様々なプロデューサーから出演依頼を受けるほどの人気と実力を誇り、ブロードウェイのスターにまで登りつめた。

一九三二年、姉アデールが英国貴族、キャヴァンディッシュ卿と結婚し、ショービジネスを引退する。独りになったフレッドはミュージカル「ゲイ・ディヴォース」で成功した後、映画会社、RKOと契約。舞台を離れ活躍の場をハリウッドに移すことになる。

一九三三年、MGM作品「ダンシング・レディ」に本人役でゲスト出演した後、RKOの「空中レヴュー時代」に出演。脇役ながらジンジャー・ロジャースと踊ったダンスが大変な人気を呼ぶと、RKOはこれを機に二人を主役に据えた映画を作り続けた。とりわけ「コンチネンタル」('34)、「トップ・ハット」('35)、「艦隊を追って」

（'36）などの作品は興行的にも大成功を収め、ＲＫＯの財政的危機を救ったと言われている。だが、コンビとしての人気も三十年代末には翳りを見せ、興行収入も低下した。さらにロジャースはミュージカルを離れ、ドラマの演技者としての道を望んでいた。九作目の共演「カッスル夫妻」（'39）を最後に、ついにコンビは解消。アステアはＲＫＯを離れることになる。

一九三九年以降、アステアは各社の映画に出演していく。ＭＧＭではエレノア・パウエル、コロンビアではリタ・ヘイワース、パラマウントではビング・クロスビーと共演し、ミュージカルスターとしてトップの地位を保ち続けていたが、四十六年のパラマウント作品「ブルー・スカイ」を最後に映画界を引退。好きな競馬とダンス・スクールの経営に専念することとなる。

しかし、一九四八年、足を怪我したジーン・ケリーの代役としてＭＧＭ作品「イースター・パレード」に出演し、映画界にカムバック。ＭＧＭとは五十三年の「バンド・ワゴン」まで契約を続け、この間、「土曜は貴方に」（'50）、「恋愛準決勝戦」（'51）などの作品に出演。「ブロードウェイのバークレー夫妻」（'49）ではジンジャー・ロジャースと、十年ぶり十作目の共演を果たしている。

一九五四年以降は再びフリーの立場で、「足ながおじさん」（'55）や「パリの恋人」

（'57）などの作品に出演。五十七年の「絹の靴下」を最後にミュージカルを離れると、その後は「渚にて」（'59）などの映画で俳優として活躍した。一方、一九五八年から六十年にかけテレビで三本のワンマンショーに出演し、エミー賞を獲得するなど好評を博した。一九六八年にはワーナーで最後のミュージカル映画となる「フィニアンの虹」に出演。七十四年、MGMミュージカルのアンソロジー「ザッツ・エンタテインメント」で、かつてのミュージカル映画の素晴らしさが再評価されると、続編「ザッツ・エンタテインメントPART2」（'76）ではジーン・ケリーと共に司会として登場し、健在振りを見せた。八十一年までテレビや映画に出演を続けたほか、同年四月にはAFI（アメリカン・フィルム・インスティテュート）から生涯功労賞を授与されている。

一九八七年六月二十二日、肺炎のため八十八歳で死去した。

フレッド・アステアのショービジネス上の人生を振り返ってみると、おおよそ次の三つの時期に分けられる。

・ヴォードヴィル芸人からミュージカルスターに登りつめた「舞台の時代」

（一九〇六年―一九三三年）
・スタジオシステム全盛期のミュージカル黄金時代を駆け抜けた「映画の時代」（一九三三年―一九五七年）
・主に演技者としてテレビや映画に出演したほか、テレビのショー番組も制作した「余生の時代」（一九五八年―一九八一年）
である。

「舞台の時代」のほとんどは、姉アデールとのコンビとして過ごしている。この時代は、ダンスの上手さはすでに高い評価を得ていたものの、明るく華やかで機転のきく姉に比べ、どちらかと言えば地味な存在だったと言われている。実際、アデールが結婚し彼一人になる時は、これまでの地位を維持できるのかとずいぶん悩んだらしい。この時代の演技やダンスは映像がほとんど残っておらず、当時の様子は雑誌や新聞の批評から推察するしかない。

次の「映画の時代」で特筆すべきは、単にミュージカル映画黄金時代に彼の活躍期が重なったと言うより、アステアの登場そのものが黄金時代を生んだ一因であったことである。ジンジャー・ロジャースとのコンビはまさにハリウッド・ミュージカルのイコンであった。さらにその二十五年に近い期間、ミュージカルスターとして常にトップを維持し、最後まで良質の作品に出演し続けたことは驚異と言ってよいだろう。この時期のすべての作品がビデオやＤＶＤで発売されているのも高い人気の証である。「余生の時代」の始まりは、メジャー各社が財政上の理由からミュージカルの製作に消極的になった時期と一致するが、同時に年齢的にもダンサーとして引退を考える時期であった。ただし一九六〇年に製作されたテレビショー「アステア・タイム」を観ても、ダンサーとして衰えたという印象はない。さすがに、六十八年の「フィニアンの虹」では年齢による衰えは隠しようがなく、同年のテレビショーでもパートナーのバリー・チェイスは、ダンスにそれなりの配慮が必要だったと証言している。

このようにアステアは、初期のヴォードヴィル時代を除き、人生の最後までをトップスターとして歩んでいる。しかもその踊りは、単にミュージカル・ダンサーとしての範疇を超え、各界の人々から「神技」とも形容されるほどの賞賛を得ている。亡くなった後も変わらず彼のダンスに対する評価が高いことは、ダンサーとしての彼がまさに驚異と言ってよい存在だったことを証明している。

それではここで彼の身体にたち帰り、アステアのダンスの因って来る秘密を探ってみたい。

身体

フレッド・アステアについての主な著作は、これまでに「フレッド・アステア自伝　Steps in Time」（青土社）と「アステア　ザ・ダンサー」（新潮社）の二つが邦訳されている。前者は一九五〇年代末、後者は八十年代初めまでのアステアの芸歴や人生を綴ったものだが、これらの本を読んでも、アステアが自身のダンスについて言及する部分はほとんど見つからない。ダンスを習い始めてどんなことに苦労したのか、どう上達したのか、どんな気づきがあったのか、他のダンサーについてどう考えているのか——そういった部分がきれいに抜け落ちている。他人をあからさまに批判しないアステアの流儀に従えば、他のダンサーについての言及が少ないのはわかる気もするが、自身のダンスについての言及さえないのはどういうことだろうか。ともかく、彼自身が語らないとすると、そのダンスを考えるには、残った映像と周囲の人々が語るわずかな言葉から推察していくしかない。

一般の人々の身体と優れたダンサーの体はどう違うのだろうか。私が平凡な人間の身体のモデルとして適切と思うのは、糸に吊られたマリオネットである。頭、胴体、左右の前腕、上腕、大腿、下腿がそれぞれ関節でつながったその身体は、上から糸を操作することによって人間の動きを模倣することができる。だが、一旦糸を緩めるとマリオネットのすべてのパーツはバラバラになってその場に積み重なるように崩れる。凡人の体も各部分が互いに有機的に結びついていないという意味ではマリオネットと変わりがない。腕は肩の関節によって胴体の動きとは分断され、下肢も股関節を境に胴体と分離されている。その他の部分も同様である。

しかし、このような凡庸な身体とは異なる身体が存在する。優れたダンサーや舞踊家、アスリート、武術家の身体である。それぞれの専門分野や流儀によって、また個人によって様式は異なるが、そういった人々の身体は体の各部分がそれぞれの必要に応じ、統合、連結されている。凡庸な分断された身体は組み替えられ、有機的に連動する新たな身体が作り上げられる。このとき有機的に統合された身体は、統合の程度に応じて、ある種のエネルギーを持つ。その結果、統合された身体はその身体だけのものではなくなる。彼らに相対する者に向かい、何らかのエネルギーを、ある種の信号として強く放射するのだ。相対する者はその信号を感じ取り、結果として自身の身体に共鳴する。特別な感覚が呼び起こされる。それがダンスや舞踊であれば、美でありエロティシズムであり、躍動感であるかもしれない。

アステアの踊る姿を見て観客がまず感じるのは、その力感のない軽やかさである。それに伴う無駄のないキレのある動きである。こういった状態を作り出すためにアステアは筋肉の動きを必要最小限に抑えている。他のダンサーが動作の支えとして、あるいは表現の道具として使う筋肉をほとんど捨て去っている。動作をするために必要最小限しか使わない。そこに力みは消える。もちろん使わないことでの代償もある。一般のダンサーが売り物にするダイナミックな跳躍や回転などの動きが制限される。ある意味でその動きは素っ気なく、乾いて、セクシーさに欠けることにもなりかねない。

このような身体の状態を作るために彼が選び取った方法とはどんなものだろうか。まず動作に対する骨の意識が強く、動くに際し筋肉よりも骨を意識している。関節の意識も柔らかい。肩甲骨の動きはなめらかで、胸郭背側を滑るように動く。股関節の周囲も柔らかく、前後に回転するように動く。接する骨同士を細かに分離して動かす意識も強い。たとえば手の指を動かすときに、手掌の中にある中手骨を細かく分離して使っている。

腹腔内では股関節からみぞおちのあたりまでを少し長めに締めている。このことにより上方に伸びる中心軸が形成される。中心軸の作りは非常に軽く、「スッ」という言葉で形容するしか表現できない質感を持つ。体には常に上方に向かうベクトルがかかる。一種の浮き身である。中心軸の構造はバレリーナのように恣意的に作り上げたという印象に乏しい。存在は強靱だが実体として把握しにくい繊細さがある。

手の意識についてもアステア特有のものがある。これについては、レスリー・キャロンが語るエピソードが興味深い。アステアは人並み外れた大きな手を授かってしまったために、子供の頃からバレエが嫌いになったというのだ。「手の先まで繊細に表現することの必要なバレエは踊れない。それで初めから諦めていた」と話していたという。(64)

さらに自分の手を小さく見せるために行っていた工夫まで教えてくれたという。中指と薬指を密着させてやや深めに曲げ、人差し指と小指はそれぞれ軽く曲げることで、手を小さく見せていたというのだ。

アステアがクラシック・バレエ風の動きを嫌っていたという話はよく聞くが、その理由が本当に自分の手の大きさのせいだったのか、後から理由付けに手のことを持ち出したのかはわからない。しかし、ここで大切なのは言葉の真偽ではない。手を小さく見せるためにアステアがとった指使い。そして手を目立たせないように振る舞ったという意識の二点である。

実感しにくいかもしれないが、指や手の動きは全身と結びついており、わずかな手指の動きが体の構造や力の分布、さらには精神状態にまで大きな影響を及ぼす。ヨガや密教の修行で結ぶ印を見ればわかる。中指と薬指をそっと密着させると腹が落ち、体幹部中央で体が締まり中心軸の感覚が促進される。さらに顔の中心線――両眼の間から鼻、口のライン――に意識が集まる。身体軸が強く意識されるとともに、どこか「澄ました」上品な気分になる。仮にアステアが子供の頃からこの手の操作を行っていたとすると、そのことによって中心軸を意識し上品な気分を養う訓練を重ねていたことになる。アステアを象徴するイメージの概略を、この指使いが育てたと言えなくもない。

ただし、この指使いを取ったことからそうなったのか、彼の身体に本来備わった何かが、天才の直感としてこの指使いを選ばせたのかはわからない。指先の意識を先導に、連動する身体を作ったと思われる人に中国舞踊のヤン・リーピンがいるが、彼女の鋼線のような鋭い造りと、アステアの軽みとは対極的であるのも面白い。

手の大きさを目立たせないようにしてきたことでの二番目の影響は、彼が手先を「捨て」、その身体への意識を上腕付近まで「退却させた」ことである。原因か結果かはわからないが、彼にとってダンスの主要な対象は手ではなく体幹となった。この結果アステアのダンスでは、手先の素っ気なさが目に付く。もちろん必要な場合は手先、足先まで十分意識は行き渡らせるが、バレリーナの指先にまで行き届いたラインとは趣が異なる。

手先にまで無理に意識を行き渡らせない原因の一つに、ステッキなどの道具を使うことも関わっているかもしれない。手に道具を操作する余裕を持たせておく必要があるからだ。ただし道具を操作すると言っても、手で動かすのとは違う。手はあくまで物理的な媒介でしかない。

体幹を主とし筋肉の意識を極限まで抑えたアステアからどんなダンスが生まれたか。いくつか例を挙げてみたい。

映画「ブルー・スカイ」のナンバー〝プッティン・オン・ザ・リッツ〟でアステアは、彼を象徴するトップハットに燕尾服、ステッキを携えた出で立ちで現れ、単純な動作にさえ彼ならではの無駄のない動きを見せてくれる。

単に左右に体の向きを入れ替え、回転するだけの動きだが、この動きが実に速い。

ただしここで言う「速い」は単純に距離を時間で割った速さのことではない。動きの予備動作がないため、観客が始動を予測できないことによって生じる感覚としての「速さ」である。気配の無さと言ってもよい。筋肉の連動によらず、骨格全体が一挙に動き出すことによって起こる現象である。骨から瞬間的に動くアステアの身体からは、軽さが極まった果ての快楽が生まれる。

同じ〝プッティン・オン・ザ・リッツ〟でアステアは、ステッキをあたかも三本目の足であるかのように使い、両足と共にたたみかけるようにリズムを刻んでいく。ところが腰から上は下半身の上で優雅に動いているだけなので、まるで上半身と下半身が別のパートを奏で、ハーモニーを作っているかのような印象を受ける。「イースター・パレード」の有名なナンバー〝ステッピン・アウト・ウイズ・マイ・ベイビー〟では、スローモーションのアステアを普通のスピードで踊るバックダンサーと合成しているが、〝プッティン・オン・ザ・リッツ〟ではアステア自身の体が二つの異なったテンポを体現している。

「バンド・ワゴン」のロマンティックなナンバー〝ダンシング・イン・ザ・ダーク〟を見てみよう。シド・シャリースと公園を散策しながら、やがて二人は踊り出す。散歩からダンスに移行する瞬間の二人の動きに注目すると、シャリースが準備段階として左足に重心を移し、右足を上げ、その力を腰や胸にためて右へ回転しながら胸を開いて、やや上方に動き始めるのに対し、アステアは変わらぬ姿勢のままややうつむき加減で、前触れもなくフッと全身が動き出す。ここにも力感のない瞬間的移動が見て取れる。

「鍛えない」

アステアは撮影前の数ヶ月を除き、一切踊りの稽古をしないと言われている。娘のアヴァも同様の証言をしている。一九四六年の引退後、「イースター・パレード」で復帰するまでの間もほとんど踊っていなかったと自ら語っている。仮に本当だとすると、アステア自身の身体に対する考え方を知る上でかなり興味深い話である。

普通、一流のダンサーやバレリーナは、公演予定の有無にかかわらず、ほぼ毎日稽古を続けているのではないだろうか。稽古を続ける目的はダンサーの年齢や成長段階によっても異なるが、一般には筋肉の増強や維持、関節その他の柔軟性の確保および技術の獲得、向上のためと考えられる。逆に言うと、稽古を怠れば筋力は落ち、柔軟性を失い、技術は衰える。それでは、あの稽古熱心で完璧主義者のアステアがどうして稽古を続けないのだろうか。

一般に人間の身体活動の訓練は、種目それぞれの必要度によって要求される内容も水準も異なっている。極端な話、体を鍛えるからといって、ダンサーが重量挙げの選手と同じトレーニングはしない。ダンサーにはダンサー固有の筋肉量と、身体運用法がおのずと決まっているからである。同じことはダンスの分野同士にも、さらに同じ分野内のダンサー間にもあてはまる。確かに高い跳躍力や柔軟性を要求されるバレエやショーダンスの踊り手なら毎日の稽古は必要だろう。

しかし、さほどの跳躍力も柔軟性も必要なく、ごく自然な日常生活の動きの延長が要求される踊りの範疇があるとしたらどうか。「アステアというスタイル」であったなら。アステアは一般的なトレーニングでは自身に必要な身体を育むことができないと気づいていたのではないか。通俗的なトレーニングが不要な筋力を付け、天性の軽やかさを阻害する諸刃の剣だと考えたのではないか。だとしたら、悪影響を与える稽古はやらない方がましである。

では、アステアにとっての稽古とは何だったのだろうか。

「アステア　ザ・ダンサー」にはMGM時代のボブ・フォッシーが体験したアステアのエピソードが紹介されている。

ある昼下がり、人通りのないMGMの大通りでフォッシーは向こうから歩いてくるアステアに出くわす。

「……歩き方からすぐそれがフレッドだとわかった。彼はうつ向いたままぼくの方に歩いてきた。……ついにお互いが近づいた。お互いがすれ違う時、彼は顔を上げずに『やあ、フォス』といったんだ。ぼくをそう呼んだんだ、フォスとね。彼はそのまま歩き続け、ぼくは振り返って彼が去るのを見た、彼から目を離せなかったんだ。道に大工の使った曲がったクギがあった。フレッドは足で軽くはじき、サウンド・ステージの壁に飛ばすと、クギはカチンと音をたてて壁にあたり落ちた。あれは正しくアステアのジェスチャーだ[65]」（武市好古　訳）

これとよく似たスタンリー・ドーネンの目撃談がある。

フォッシーはアステアを尊敬し、普段の足取りから手の振り方まで、暇さえあればその動きを観察していた。

地面に落ちた板から突き出たクギを、歩いていたアステアは一歩わきへよけ、突然それを蹴りつけた。すぐ後ろにいたフォッシーはこの姿をまねた。さらにアステアがいなくなってからもその場に留まり、唐突な横移動と蹴りがうまくできるようになるまで何度も繰り返した[66]。

ジーン・ケリー嫌いでアステア崇拝者のフォッシーの逸話からわかる事が二つある。
・アステアは普段の立ち居振る舞いからして、彼に特徴的な動きをしていた。
・その動きはフォッシーを陶然とさせるとともに、何度も稽古をしなくてはいけないレベルのものだった。

アステアの歩く姿がすでに普段のダンスと同じレベルであったと言うことは、歩くことで稽古と変わらぬことができていたとも考えられる。これには日常から骨を中核に全身を軽やかに連動させたアステアの動きが関わっている。彼にとって稽古とは余分な力みをつけずに技術だけを育てていく繊細な作業であった。なまじ常識的な稽古を続けるより、日常生活の中の普通の動き——歩く、飛び退く、蹴る、つかむ、ゴルフ——でしか磨けない技があるのだ。日常の動作でダンスに必要な体の動きと身体感覚を養っているアステアには、撮影前の稽古はあくまで振付けの内容を完璧にこなすための目的でしかない。

アステアは鍛えない。そして鍛えないように鍛える。

「ジンジャー問題」

舞台の時代を通じて姉アデールとのコンビを続けて来たアステアにとって、再び特定の女性とコンビを組むことへの不安や嫌悪感があったことは、伝記の中でも語られている。独力で力を発揮したいこと、コンビを解消した場合のとまどいなど、理由は様々であろう。だが、アステアの芸歴を振り返ると、ファンにとってはまず第一にジンジャー・ロジャースとのコンビが印象に深い。単独であるいは他の女性との素晴らしいダンスが数多くあるにもかかわらずである。この事実は、アステアにとってある意味で不本意なことかもしれない。だがアステアを語れば、ジンジャー抜きに話を進めることはできない。それほど二人の魅力には抗し難く、ミュージカル映画におけるその意味も深い。なぜこれほどまでにジンジャーとのコンビは観客の心を捉えるのか。ここではその「ジンジャー問題」について考えてみたい。

「アステアはジンジャーに品格を与え、ジンジャーはアステアに性的魅力を与えた」

キャサリン・ヘプバーンのあまりに有名な寸評である。内容の的確さと表現の簡潔さのため、すべての批評はこの言葉の前に白旗を上げざるを得ない。どんな批評を試みてもヘプバーンの寸評の周囲をグルグルと廻るだけの結果となる。だがたとえ結論は決まっていても、そこへたどり着くまでにはまだ隠れた秘密があるはずだ。

映画でのジンジャー以外の女性パートナーを挙げてみた。

ジョーン・クロフォード、ジョーン・フォンテイン、エレノア・パウエル、ポーレット・ゴダード、リタ・ヘイワース、ジョーン・レスリー、ルシル・ブレマー、ジュディ・ガーランド、ヴェラ＝エレン、ベティ・ハットン、ジェーン・パウエル、シド・シャリース、レスリー・キャロン、オードリー・ヘプバーン

ずいぶんたくさんいるが、この人たちとジンジャーの何が違うのだろうか。

最初に気づくのはジンジャーの芝居のうまさである。日常のさりげない想いを的確に観客に伝える才能と技術をこの人は持っている。そのうまさを、落ち着いて腹の据わった人格と社会の規範に収まるセクシーさを裏付けにして観客に差し出すことができる。

うまさだけを取り出せば、一九四九年の「ブロードウェイのバークレー夫妻」が一番かもしれない。しかし、美しさと若さゆえの生硬さと演技力が微妙なバランスをとっ

たＲＫＯ時代がやはり輝いている。場面にふさわしい情感をまなざしと体でみごとに表現する才能は、上記の誰をも凌ぐジンジャー・ロジャースの第一の特質である。

たとえば「トップ・ハット」の代表的ナンバー〝チーク・トゥー・チーク〟を思い浮かべてみよう。アステアと本格的に踊り出す直前のシーンである。歌い出すアステアを見つめる眼差しがとてもやわらかく、彼女の思いのたけが伝わってくる。表情を作為的に作るのでなく、心と体からまず動きだして表情が定まるのである。ドレスの羽飾りで少し見えにくいが、そっと触れあう胸の使い方もうまい。濃縮された想いが胸を通してアステアと通じ合っているのがわかる。自身の輪郭を越えて情感を伝える技能に天性のものがある。

ジンジャーには別の特質もある。彼女の顔をよく見ていただくとわかる。この人のＲＫＯ時代の顔には二つの特徴がある。重く覆いかぶさるように下りてくる上まぶたと、少し苦いものを味わっているかのようなその口元である。「元々そういう顔だ」と言われてしまえばそれまでだが、実はこれが彼女の身体を規定する大切な要素になっている。

一般に意識されることは少ないが、顔の動きは体幹部の動きとつながり、相互に影響し合っている。顔の動きは全身の力の分布を決定し、ジンジャーの身体の特徴を作り出す。ためしに舌全体を上顎（口腔内の天井）にべったりと付け、少し苦いものを味わうつもりになってみてほしい。横隔膜が適度に緊張するのがわかる。さらに上まぶたが普通の何倍も重くなってゆっくり下りてくるつもりになってみてほしい。緊張した横隔膜に更に上から力がかかってくる。これがジンジャー・ロジャースが感じる身体感覚である。つまり、彼女には常に、みぞおちから腹にかけて重みがかかり、気持ちが上ずると言うことがない。力は常に下方へと流れる。上半身の力が抜けみぞおちから腹に重心の落ちたその体は、柔らかさと共に、観客に信頼や明確な意思の存在を直感させ、スクリーン上の彼女のイメージを形作る。これがアステアと並ぶと、常に上方にベクトルのかかるアステアと、下方に力が流れるジンジャー。二人相補って非常にバランスが良い。

彼女の脱力した身体は別の魅力も生み出すことがある。同じ〝チーク・トゥー・チーク〟のダンスで、背中から倒れこむようにのけぞり、アステアの腕に身を任せる瞬間がある。「バンド・ワゴン」のナンバー〝ダンシン・イン・ザ・ダーク〟でシド・シャリースも同様の姿勢をとっている。一見似ているが、比べてみると微妙にちがう。アステアの腕にかかる重みが、ジンジャーの方が重いように感じられるのだ。ジンジャーの方がより完全に脱力して身を任せているからである。脱力した体の重みは支える者の腕により深く浸透して行く。ぐっすり眠った赤ん坊と、起きているときの赤ん坊を抱いてみれば、その違いがわかる。脱力して任せきった体により二人は溶け合う。

これに比べるとシド・シャリースは体に多少の力が残り、自分自身を支えてしまっている。アステアに完全に任せきることができない。シド・シャリースはダンサーとしてジンジャーより訓練された身体を持っている。しかし、訓練された体は自身を最後まで支え続け、結果として相手と溶け合うことができない。互いの身体は斥け合い、アステア&ロジャースの癒合した体から生まれる、えも言われぬ陶酔感が生まれない。訓練されたダンサー同士からは「素晴らしいダンス」は生まれるかもしれないが、観客の胸を直に刺激するエロティシズムに乏しくなる。

コンビとしてのジンジャーには大きな役割がある。〝チーク・トゥー・チーク〟を踊り終わった直後、二人のダンスに観客は陶然とする。一方、踊り終わってうっとりした彼女はアステアを見つめる。ダンスにうっとりした観客は、うっとりしたジンジャーを観ることで映画の世界と同調し、何の違和感もなくその後のストーリーへ引き込まれていく。このときのアステアの言動はただお気楽なだけだが、ジンジャーは地に足をつけ、観客の気持ちを一身に引き受け、映画（アステア）と観客の接点の役割を担う。重心が腹に落ち、安定した身体を持つジンジャーだからこそ担える役割である。

時にジンジャーの踊りはさして上手くないと書かれることがある。確かに純粋にダンスの技術のみを取り出せばそうかもしれない。しかし、彼女のダンスには必ず素晴らしい表現力が付いている。技術の不足を補って余りある表現力である。そこからダンスの技術だけを分離してどうこう言ったところで現実には大した意味もない。これだけの美貌と表現力を兼ね備えた人に、更にこれだけ踊れる力が兼ね備わっているだけで、稀有なことだと言わざるをえない。美しさ、類まれな表現力、柔らかく脱力し、腹に重心の落ちた身体。スターたり得る人がこれだけの要素を兼ね備えていることは滅多にないことなのだ。

ここでもう一度キャサリン・ヘプバーンの寸評を噛みしめてみたい。

「アステアはジンジャーに品格を与え、ジンジャーはアステアに性的魅力を与えた」

真のケミストリーとはこういうことである。

ビギン・ザ・ビギン

一九三九年にＲＫＯを去ったアステアは、「ダンシング・レディ」以来六年ぶりにＭＧＭの作品に出演する。「踊るニュウ・ヨーク」（'40）である。相手役は当時「タップの女王」と謳われたエレノア・パウエル。一九一二年生まれのパウエルは、ブロードウェイで成功した後ＭＧＭと契約。一九三五年の「踊るブロードウェイ」以降、「踊るアメリカ艦隊」（'36）、「ロザリー」（'37）などの主役を務め、三十年代後半のＭＧＭミュージカルを牽引したスターである。

その体から発する筋肉の質感、弾性を秘めたアクロバティックな動きに滲むエロティシズム、腰の据わった軽快なタップなど様々な特質を備えたダンサーで、白人女性タップダンサーとしてはナンバーワンの実力を誇っていた。映画の終盤、二人がコール・ポーターの名曲〝ビギン・ザ・ビギン〟に乗せて踊るタップは、デュオとしてはミュージカル映画史上最高のパフォーマンスと讃えられている。

〝ビギン・ザ・ビギン〟は九分以上にもなるナンバーで、二つの部分から構成されている。前半はトロピカルな背景の下で踊られるルンバ風タップ。パウエルは腹部の露出したミッドリフに長いスカート、アステアはスペイン風の丈の短い上着に装飾のついたズボンで登場する。

満天の星と漆黒に輝く鏡の床。ロイス・ホドノットの悩ましい歌声。薄いカーテンを透かして見える丘のような高まりと、その上下で踊るコーラスの女性。やがてカーテンが開かれ、カメラが中央から寄って行く。丘の向こうに次第にパウエルの姿が現れる。ひとしきり伸びやかに踊った後、丘を後ろ向きに上る動きが滑るようになめらかだ。丘を下りると背景の鏡にアステアが映り、軽い期待感と共に本人が姿を現わす。流れるような音楽に、互いのタップの響きが呼応する。二人の情感が凝縮されたまま持続し、途切れることがない。ややもするとアクロバティックな方向へ流れがちなパウエルのダンスで、これほど色気を湛えた心の交流が見られるのは稀なことである。

一旦二人が袖に引っ込み、後半が始まる。曲調がスウィングに変わり、女性カルテットが明るく歌い出す。アステアとパウエルが白いスーツとワンピース姿で登場し、それまで重苦しかった場の雰囲気が一変する。空気が明るく解放され、観ている者の心も軽やかになる。ここから二人のタップが始まる。初めは会話のように軽快なタップのやりとりが続く。やがて音楽が止まり、唯一聞こえるタップの音に観客は集中する。

二人の表情は笑顔だが、たたみかけるようなタップの応酬が続き、観客は息をのむ。ここから気分を解放するように音楽が再び鳴り出す。二人が互いの周りを廻り、テンポが上がる。カメラもやや上方から回転する二人を映し出す。やがてカメラは正面に戻り、明るいバンドの演奏とともにフィナーレとなる。

エレノア・パウエルの身体を見てみよう。彼女の体幹上の中心は二つある。みぞおちよりわずかに上の一点と、股関節周辺である。これを目的によって使い分ける。タップでは股関節周囲を使うが、バレエ風の動きではみぞおちの上を使う。脚を高く挙げたり、延ばしたりする動きでは開脚の始点が意識の上でみぞおち上の点となる。脚がそこから生えているかのように長く、ダイナミックに見える。大きく仰け反るような動きでもここを使う。中心は二点に分かれていても、その間の胴の部分が鍛え上げられているため、体幹全体が統合されている。二点を使い分けることで多様なスタイルのダンスに対応できるのは良いが、欠点もある。体を作り上げたことによって身体の輪郭が強く、相手を寄せつけない。パートナーとの交流が生まれない。しかしこのナンバーの相手は輪郭の消えたアステアである。輪郭の強さを吸収してもらえる。彼女につきもののけれんみが影を潜め、踊りに無駄がない。乾いた交流が生まれた。

音楽なしの部分はタップの特質を利用している。タップは音を伴うダンスである。

見るだけでなく聞いても楽しめる。視覚は能動的な感覚であり、聴覚は本来受動的である。視覚は対象を追うが、聴覚は耳元で感じる。音楽が消えタップの音に集中した瞬間、観客は二人の素早く動く足下を注視するとともに、耳元に迫るタップ音に捉えられる。全身を絡め取られる。

一瞬たりとも隙のない踊りは互いにきつかったろうが、スクリーンの二人は笑顔を絶やさない。対等に踊る二人の軽やかさがテンポを呼び、リズムが唄う。二人の間に流れるのは愛情というより友情かもしれないが、それで十分ではないか。ダンスそのものからパウエルの踊りに心の通い合いが生まれたことが特筆すべきことなのだ。〝ビギン・ザ・ビギン〟、今更ながらミュージカル・タップの精華である。

さて〝ビギン・ザ・ビギン〟自体は完成されたナンバーであり、ミュージカル映画史上最高のタップ・パフォーマンスという評価も頷ける。だが、アステアとパウエルの共演はこの映画一本だけだった。仮に二人が再共演したら新たな素晴らしいダンスが生まれたかもしれない。しかし、観る者の心のどこかに、これ一作で十分という気持ちもある。二人のダンスは互いに対等な名手同士の競い合いである。息もつかせぬタップに観客は引きつけられるが、反面疲れも覚える。翻ってアステア＆ロジャースのダンスでの関係は対等ではない。ダンスにおいてはあくまでアステアが上である。アステアが常にロジャースを見守りながら踊る。だが対等ではないからこそ、そこに優しさが生まれる。欠陥があるからこその温かみがある。行為としてのダンスを外側から覆う、一種の和らぎが存在する。観客はそこまでを娯楽としての映画の中に見ている。そして何度も観たくなる。

〝ビギン・ザ・ビギン〟がミュージカル・ナンバーに問いかける意味は深い。

上手いとは何か

振付家ジェローム・ロビンズはあるインタヴューで、旧ソ連を訪問したときのエピソードを披露している。最も偉大なダンサー、最も影響を受けたダンサーは誰かと問われアステアの名を挙げたところ、取材相手が驚いた顔をした。その理由を相手に尋ねると、ジョージ・バランシンも同じ答えだったからだと言ったというのだ(67)。

一流の振付家からこれほど高く評価されることを見ても、ダンサーとしてのアステアの並外れた素晴らしさがわかる。

他方ドナルド・オコンナーは、一九七九年に行われたインタヴューで次のように語っている。

オコンナー「ボブ・フォッシーとトミー・ロール――今生きてるダンサーじゃ最高じゃないかな」

アロフ「アステアより上？」

オコンナー「そう。それにケリーよりもね。あのね、パーソナリティーに関してはフレッド・アステアにかなう者はいない。並ぶ者がないんだ。でも彼のダンスについて言えば、トミーもできるし、フォッシーだってできるよ。まあ少なくともまねはできるよ、それもとっても魅力的にね。今話してるのは、いろんな踊りのできる総合的なダンサーについてのことだ。それに彼らは偉大な振付家でもあるんだ。……」(68)

一九七九年であるから当然アステアもジーン・ケリーも存命中の話である。ここで互いに食い違うロビンズとオコンナーの意見をどう考えるべきだろうか。もちろん単に二人の好みが違っただけのことかもしれない。実際、ただそれだけのことなのかもしれない。こちらはAを優れていると思い、あちらはBの方が上手いと考える――どこにでもある話である。だが私にはこの二人の意見が、アステアのそれぞれ別の部分に注目して語ったもののように思えてならない。

気になったのはオコンナーの話に出てくる「パーソナリティー」という言葉である。彼は少なくとも「パーソナリティー」に関してはアステアが最高だと認めている。この文脈での適当な訳語は、辞書によれば「人柄」とか「人間的魅力」ということになるのだろう。しかし踊り手としての技量の話題に、純粋に人柄だけの意味で持ち出したのだろうか。オコンナーが言うパーソナリティーは、もっとダンスの技量とも関係する別の意味合いが含まれているように思えてならない。
「パリの恋人」（'57）でアステアとオードリー・ヘプバーンの振付けを担当したユージン・ローリングの言葉がある。彼は撮影当時のことを振り返り、次のように語っている。

「……そのダンサーの限界というものを考慮しないといけない。アステアにバリシニコフと同じことをやるようにとは言えないだろう。跳躍して二回転とかね。アステアにはそういうことはできないからね。だからフレッドにこれまでなかった面を引き出そうとした。うまくいったと思うよ(69)」

インタヴュー当時、男性では最高のバレエの踊り手と考えられていたミハイル・バリシニコフを引き合いに出し、アステアにそのような技術や能力を期待するのは無理だと語っている。もちろんクラシック・バレエはアステアの専門外なので、無理なのは当然のことである。だがアステアが現役当時、彼の専門と言っても良いタップやボールルームダンスの分野でナンバーワンと考えられていたかというと、必ずしもそうではない。

たとえばヴォードヴィル研究家のフランク・カレンは自身の著作で、当時のダンサーたちがアステアをそれぞれの分野で最高の踊り手とは考えていなかったと書いている。では何に優れていたのか。アステアは踊りを通して、男女二人の性格や感情が観る者に理解できるようなダンスを心がけた。またダンスの様々な要素――タップ、ボールルームダンス、アクロバット、プロップ等――を混ぜ合わせ、一つのダンスの中でスタイルやテンポを何度か変え、観る者を退屈させないようにした。これがアステアをして他の追随を許さない評価を得さしめた理由だとしている。他のダンサーが、鋭いリズム感や歯切れの良さ、速さ、さらにはステップの組み合わせの斬新さなどに気を配り、プロ同士の評価を優先させていたのとは対照的だったと言うのだ(70)。

アステアのダンスに関する評価については他にも証言がある。人種差別の激しい時代、黒人としてブロードウェイで活躍したエセル・ウォーターズは、当時最高のタップダンサーと讃えられていたビル・ロビンソンを評した話の中で次のように語っている。

「……（ロビンソンのタップに）驚かなかったわね。ほかに黒人のすごいダンサーを観てるから。ビル・ロビンソンにしろ、フレッド・アステアも含めてどんなタップダンサーにしろ、そういった人たちを上回るかもしれないダンサーよ。……そのうちの二人はキング・ラスタスとジャック・ジンジャー・ウィギンズ。……白人の人たちは彼らを観たことがないの。でもそれって白人にとって残念なことよね[71]」

また、ビル・ロビンソンについて語り継がれている伝説もある。幕が閉まった後のブロードウェイの劇場を使い、六人の審判をそろえ、白人タップ・ダンサーがロビンソンに挑戦した。話によって異同はあるが、挑戦者の中にアステアも含まれていたともいう。いずれにしろステップのスピードやリズムの正確さにおいて、だれもロビンソンに勝てなかった[72]。

この例のように、タップも含めそれぞれの分野でアステアを凌駕するダンサーは何人もいたのだろう。だがたとえビル・ロビンソンのタップがどれだけ優れていたとしても、彼のタップを観てそのままジャンルを超えた「最も偉大なダンサー」といった評価に結びつくだろうか。黒人として手の込んだプロダクション・ナンバーを踊る機会を映画で与えられなかったというハンディを考慮してもである。

ジェローム・ロビンズやバランシンが評価したのはアステアの技術のみではない。彼らが賞賛したのは具体的な現象の背後に隠れ、ダンスの技術にも「パーソナリティー」にも影響を与えるもっと本質的な部分ではないだろうか。それが何かと問われれば、常に上方に浮き上がるような軽みを湛え、力感が消え、素早く、簡潔で、上品で「貴族的」とも形容される、ダンスにおけるアステアの身体と精神の有りようではないか。

アステアは二十八歳頃まで「そんなにタップはやっていなかった」とも言っている[73]。ボールルームダンスも専門家ではないと語っている。レヴューやミュージカルの世界で活躍してきたアステアにとって、いずれかのダンスを一つだけ習得すれば済むということはあり得ない。演目上の必要性、時代の要求、自身への適合性や好み——こういった理由で様々なジャンルのダンスを習得しなければならない。それらを自分なりに組み合わせ、総合的なレベルを高めて行く。その先に現れた総体が一流のショーダンサーとしてのアステアであり、その個性であった。そして彼のダンスの背後には、常にダンスと心の有り様を規定しているあの身体が存在した。

ダンサーの身体が極限の状態まで研ぎ澄まされた時、それを観る者は客観的で独立した存在ではいられない。身体は共鳴する。少なくとも人間はそういう特質を持っている。観客が意識するかしないかに拘わらず、優れたダンサーの身体は観る者の身体に共鳴する。観客はダンスを目で見るだけではなく、自分の身体を通して感じる。ダンサーの身体を再体験する。

アステアはこのレベルでの浸透力が他のダンサーに比べ極めて強い。この点において他に類を見ない孤立したジャンルの人である。運動能力としての動きは飛びぬけて優れているわけではない。しかし、その力みのない動きからは、まるで振動が極端に細かくなって観客の心と体に直接浸透してくるような波動が生まれる。常に上昇するベクトルは見る者を揺り動かし、あたかも広大なベールで観客を包みこむようである。この類まれな質感の極まりこそがアステアの動きを常に裏側から支え、彼なりの「上手さ」を形作る本質であろう。あえてダンサーとしての身体能力と技術、それによって表現される芸術性ということのみに絞れば、優れた踊り手はたくさんいる。だが、アステアほどにダンスの背後に存在する身体の極まりを感じさせる人は少ない。

その特異性は、似たようなレベルの人が今後再び現れるかという問題でも明らかである。どんなに優れたダンサーも、数十年の単位で見れば同じような能力の人がいずれ生まれてくるものである。その分野にそのダンスを学ぶ基礎人口が一定程度存在し、その訓練法が完成されているという条件の上にである。訓練の延長線上に名手は必ず生まれてくる。しかしアステアはどうか。現在のミュージカルやショーダンスの鍛錬や要求内容の延長線上にアステアの身体が生まれるとは考えにくい。再来は偶然を待つしかない。

そこを考えると、スタジオシステム全盛期にどうして彼の活躍期がピタリと収まったのか、その偶然は謎としか言えない。

アステアのダンスは様々なダンスの分野を超えた、彼一人だけの比類のないジャンルである。そして

「そのジャンルの堅牢さにおいて誰も並び立つものはいない」

あとがき

一九九九年はフレッド・アステア生誕百年の年であった。それを記念して、当時まだ珍しかったＤＶＤで彼のＲＫＯ時代の作品が発売された。たまたまそれを手に取った私は、すっかり彼のダンスに魅了され、以後、彼の映画を見続けることになる。もちろんそれまでもアステアの存在は知っていた。映画も何本か観ていた。だが久しぶりに見直した彼のダンスは、これまでとは異なる衝撃をもって私を捉えた。ダンスを観る目が今までと違っていたからである。

夢中になった私は、ネットの通販サイトを使い、日本で発売されていないビデオやＤＶＤ、ミュージカルに関する書籍を集めるようになった。その範囲はしだいに広がり、アステア作品ばかりでなく、他の古いミュージカル映画も買い集めた。毎晩それらのビデオやＤＶＤを観ることが習慣になった。

それから七年後の二〇〇六年秋、ミュージカルのダンスについて感じたこと、考えたことを綴ってみようと始めたのが、本書と同名のブログ「踊る大ハリウッド」である。途中の休止期間をはさみ、二〇一一年十月まで書き続けたブログは、それなりの反響をいただいた。共感や励ましのコメントをいただき、手前味噌ではあるが、自分で読んでも面白いと思えるものになった気がする。

それ以後、当初の熱気は冷めたものの、いずれブログの内容を本にまとめてみたいという思いは常に胸の内にあった。だが生来の怠け癖と忙しさのため、手のつかないまま月日だけは過ぎていった。ようやく作業を始めたのは二〇一八年になってからのことである。

しかしいざ始めてみると、ネット上の内容をそのまま本としてまとめることの難しさを痛感することになった。ブログなら画像や映像を載せてそれに解説を加えればすむことを、本ではすべて文章で説明しなければならないからである。そこで少し方向を変え、ダンスと身体に関する記述はアステアについてのみにとどめることにした。それとは別に、ジーン・ケリーの映画人生を縦軸に、ミュージカル映画の進歩について書いてみることを考えた。出来上がった結果が本書である。

しかし、書き上げてみると、後者の方がはるかに長くかつ詳細になったため、書籍としてはいささかバランスを失することになった。しかし「初めに」でも書いたように、文章の長さの違いが両者の優劣を意味するものではないことは、再度お断りしておく。

第一部では、主にHirschhornやBridesonの伝記に沿ってジーン・ケリーの映画人生を描きながら、著者の考えを述べた。その他、映画産業についてはBalioやSchatzらの著作を、アーサー・フリードがプロデュースした作品についてはFordinの著作を参考にさせていただくことが多かった。Hirschhornの伝記は初版が一九七四年であるため、ケリー自身や関係者の証言が豊富に載せられている。そのため本書にも、貴重な発言を多数引用させていただいた。訳者を明記した引用以外、すべて著者自身の翻訳による。誤りがあればご容赦願いたい。記載内容の裏付けとなる註については、すべてに付けるとあまりに煩瑣になることや、読み物としての本書の性格から、主に発言の引用部分に限らせていただいた。

第二部はブログの記事を増補、改訂したもので、主に私自身の考えを述べた。論理の筋道としてはブログよりも明快になっていると思われる。ただし、文章のみで身体を語ることが難しいため、敢えて詳述を避けた部分もある。その結果、理解が難しい点も増えたのではないかと危惧している。

仕事も経歴もまったくミュージカルやダンスとは関係のない門外漢が書いたものではあるが、ここまで読んで、楽しんでいただけたとすれば、望外の幸せである。

索　引

「　」内は映画、演劇、TV 番組題名 ＊はミュージカル・ナンバー、歌曲名

参考文献

Aloff, Mindy.(Oct.13, 2003). Remembering a Hoofer : An Interview with Donald O'connor. The Dance View Times, New York edition.

Baer, William.(Winter 2002). Singin' in the Rain: A Conversation With Betty Comden and Adolph Green. Michigan Quarterly Review, vol41,(no.1).

Balio, Tino.(1995). History of the American Cinema 5: Grand Design ; Hollywood as a Modern Business Enterprise 1930-1939. University of California Press.

Blair, Betsy.(2003). The Memory of All That; Love And Politics In New York, Hollywood, and Paris. Alfred A. Knopf.

Brideson, Cybthia、Brideson, Sara.(2017). He's Got Rhythm ;The Life and Career of Gene Kelly. Unversity Press of Kentucky.

Caron, Leslie.(2009). Thanks Heaven: A Memoir. Viking Penguin.

Chaplin, Saul.(1994). The Golden Age of Movie Musicals and Me. University of Oklahoma Press, Norman and London.

Comden, Betty.(1996). Off Stage. Limelight Editions.

Eyman, Scott.(2005). Lion of Hollywood; The Life and Legend of Louis B. Mayer. Simon & Schuster.

Fordin, Hugh.(1996). MGM's Greatest Musicals ; The Arthur Freed Unit. Da Capo Press.

Frank, Cullen with Hackman, Florence、Mcneilly, Donald.(2007). Vaudeville Old & New : An Encyclopedia of Variety Performers in America Volume 1. Routledge.

Frank Cullen with Hackman, Florence、Mcneilly, Donald.(2007). Vaudeville Old & New : An Encyclopedia of Variety Performers in America Volume 2. Routledge.

Frank, Rusty E..(1994). Tap! The Greatest Tap Dance Stars and Their Stories 1900-1955. Da Capo Press.

Gottfried, Martin.(2003). All His Jazz; The Life And Death of Bob Fosse. Da Capo Press.

Guarino, Lindsay and Oliver, Wendy.(2014). Jazz Dance : A History of the Roots and Branches. University Press of Florida.

Hessa, Earl J. Dabholkar, Pratibha A.(2009). Singin' in the Rain; The Making of an American Masterpiece. University Press of Kansas.

Hirschhorn, Clive.(1984). Gene Kelly ; A Biography. St. Martin's Press.

Knox, Donald.(1973). The Magic Factory; How MGM Made an American in Paris. Praeger Publishers.

Layton, James、Pierce, David.(2016). King of Jazz: Paul Whiteman's Technicolor Revue.

Media History Press.
Laurents, Arthur.(2000). Original Story by : A Memoir of Broadway and Hollywood. Applause Theatre Books.
Lees, Gene.(2005). The Musical Worlds of Lerner and Loewe. University of Nebraska Press.
Martin, Tony & Charisse, Cyd with Kleiner, Dick.(1976). The Two of Us. Mason/Charter.
Minnelli, Vincent、Arce, Hector.(1975). I Remember It Well. Angus & Robertson.
Morley, Sheridan and Leon , Ruth.(1996). Gene Kelly : A Celebration. Pavilion Books Limited.
Pasternak, Joe.(1956). Easy the Hard Way. G.P.Putnam's Sons.
Phillips, Brent.(2014). Charles Walters; The Director Who Made Hollywood Dance. The University Press of Kentucky.
Ponedel, Dorothy & Ponedel, Meredith.(2018). About Face The Life and Times of Dottie Ponedel: Make -Up Artist to the Stars. Bearmanor Media.
Propst, Andy.(2019). They Made Us Happy; Betty Comden & Adolph Green's Musicals and Movies. Oxford University Press.
Riley, Kathleen.(2012). The Astaires : Fred & Adele. Oxford University Press.
Robinson, Alice M..(1994). Betty Comden and Adolph Green. Greenwood Press.
Schatz, Thomas.(1996). The Genius of The System; Hollywood Filmmaking in the Studio Era. Henry Holt And Company.
Schatz, Thomas.(1999). History of the American Cinema 6 : Boom and Bust; American Cinema In the 1940s. University of California Press.
Silverman, Stephen M..(1996). Dancing on the Ceiling: Stanley Donen and His Movies. Alfred A. Knopf.
Stearns, Jean & Marshall.(1994). Jazz Dance : The Story of American Vernacular Dance. Da Capo Press.
Thomas, Tony.(1984). That's Dancing! Harry N. Abrams, Inc.
Williams, Ester with Diehl, Digby.(1999). The Million Dollar Mermaid. Simon & Schuster.
Wilson, Earl.(Feb. 12, 1966). It Happened Last Night. Pittsburgh Post-Gazette.
Wollen, Peter.(1992). Singin' in the Rain(BFI Film Classics Series). British Film Institute.
スタンリー・グリーン(1995) ハリウッド・ミュージカル映画のすべて(村林典子、岡部迪子(監修)訳) 音楽之友社
スタンリー・グリーン、ケイ・グリーン追補(1995) ブロードウェイ・ミュージカルのすべて(青井陽治, 訳) ヤマハミュージックメディア
ソノ・オーサト(1995) 踊る大紐育　ある日系人ダンサーの生涯

（薄井憲二, 訳）晶文社
デイヴィッド・シップマン（1996）ジュディ・ガーランド
（袴塚紀子, 訳）キネマ旬報社
フィリップ・フレンチ（1972）グループの社会史4　映画のタイクーン
（栗山富夫, 訳）みすず書房
フレッド・アステア（2006）フレッド・アステア自伝　STEPS IN TIME
（篠儀直子, 訳）青土社
ボブ・トーマス（1989）アステア　ザ・ダンサー（武市好古, 訳）新潮社
井上一馬（1999）ブロードウェイ・ミュージカル 文藝春秋
喜志哲雄（2006）ミュージカルが《最高》であった頃 晶文社
宮本啓（1995）ミュージカルへの招待　丸善ライブラリー171 丸善株式会社
深澤南土実（2014）バレエ・デ・シャンゼリゼの軌跡. 舞踊学（第37号）P10-25
津野海太郎（2008）ジェローム・ロビンスが死んだ　ミュージカルと赤狩り 平凡社
波多野裕造（1994）物語　アイルランドの歴史;欧州連合に賭ける"妖精の国"
中央公論新社
鈴木晶（2008）バレリーナの肖像 新書館
上島春彦（2006）レッドパージ・ハリウッド　赤狩り体制に挑んだブラックリスト
映画人 作品社
ジーン・ケリー：ダンサーの肖像　BD　ワーナーホームビデオ
巴里のアメリカ人　BD ワーナーホームビデオ
巴里のアメリカ人　メイキング　BD　ワーナーホームビデオ
フレッド・アステアのすべて　DVD コズミック・ピクチャーズ

註

(1) Clive Hirschhorn ; GENE KELLY A biography (St. Martin's Press 1984) P34
(2) Clive Hirschhorn P42
(3) Clive Hirschhorn P46
(4) Rusty E. Frank ; TAP! The Greatest Tap Dance Stars and their Stories 1900~1955 (Da Capo Press 1994) P171
(5) Sheridan Morley and Ruth Leon; GENE KELLY : A Celebration (Pavilion Books Limited 1996) P38-39
(6) Clive Hirschhorn P59-60
(7) Clive Hirschhorn P63-64
(8) Clive Hirschhorn P66
(9) Clive Hirschhorn P67-68
(10) Clive Hirschhorn P80
(11) Clive Hirschhorn P81
(12) Scott Eyman ; LION OF HOLLYWOOD ; The Life and Legend of Louis B. Mayer (Simon & Schuster 2005) P330
(13) Donald Knox ; The Magic Factory; How MGM Made an American in Paris (PRAEGER PUBLISHERS 1973) P47
(14) Clive Hirschhorn P102
(15) Clive Hirschhorn P149
(16) Clive Hirschhorn P107
(17) Clive Hirschhorn P108
(18) Clive Hirschhorn P120
(19) Clive Hirschhorn P130
(20) Clive Hirschhorn P138
(21) Clive Hirschhorn P132
(22) Thomas Schatz ; The Genius of the System : Hollywood Filmmaking in the Studio Era (Henry Holt and Co.) P447
(23) Clive Hirschhorn P140
(24) Hugh Fordin ; MGM's GREATEST MUSICALS ;The Arthur Freed Unit (Da Capo Press 1996) P238
(25) ジーン・ケリー：ダンサーの肖像 BD (Educational Broadcasting Corporation, Turner Entertainment Co. 2002)
(26) Earl Wilson ; It Happened Last night (Pittsburgh Post-Gazette Feb. 12 1966)
(27) Hugh Fordin P257
(28) Hugh Fordin P270
(29) Clive Hirschhorn P156
(30) Hugh Fordin P262
(31) Jeanine Basinger: "Gene Kelly", American Film, March 1985 (Cybthia Brideson & Sara Brideson ; HE'S GOT RHYTHM ; The Life and Career of GENE KELLY UNVERSITY PRESS OF KENTUCKY 2017 P230 より引用)
(32) Clive Hirschhorn P164
(33) Clive Hirschhorn P163
(34) Joe Pasternak ; EASY THE HARD WAY (G.P.Putnam's Sons 1956) P232
(35) Clive Hirschhorn P166
(36) Hugh Fordin P306
(37) Clive Hirschhorn P169
(38) Hugh Fordin P312-313

(39) Donald Knox　P138
(40) Clive Hirschhorn　P173
(41) Hugh Fordin　P321
(42) Vincent Minnelli, Hector Arce ; I remember it well（Angus & Robertson 1975）P240
(43) Clive Hirschhorn　P174
(44) Donald Knox　P180
(45) Donald Knox　P41
(46) Donald Knox　P175
(47) Donald Knox　P198
(48) William Baer ; Singin' in the Rain: A Conversation with Betty Comden and Adolph Green（Michigan Quarterly Review; Winter 2002 vol41, no.1）
(49) William Baer
(50) Comden and Green, Singin' in the Rain,6（Singin'in the Rain ; The Making of an American Masterpiece University Press of Kansas 2009　P28 より引用）
(51) Clive Hirschhorn　P180
(52) Clive Hirschhorn　P181
(53) Clive Hirschhorn　P181
(54) Clive Hirschhorn　P185
(55) Hugh Fordin　P358
(56) Stephen M. Silverman ; Dancing on the Ceiling: Stanley Donen and his movies（Alfred A. Knopf 1996）P161
(57) Clive Hirschhorn　P186
(58) Clive Hirschhorn　P186
(59) Clive Hirschhorn　P203-204
(60) Clive Hirschhorn　P196
(61) Hugh Fordin　P436
(62) Clive Hirschhorn　P212
(63) Clive Hirschhorn　P219
(64) フレッド・アステアのすべて　DVD コズミック・ピクチャーズ
(65) ボブ・トーマス（武市好古 訳）: アステア　ザ・ダンサー（新潮社 1989）P277
(66) Martin Gottfried ; All His Jazz; The Life and Death of Bob Fosse（Da Capo Press 2003）P72
(67) フレッド・アステアのすべて　DVD
(68) Mindy Aloff ; Remembering a Hoofer : An Interview with Donald O'Connor（The Dance View Times, New York edition 2003）
(69) フレッド・アステアのすべて　DVD
(70) Frank Cullen with Florence Hackman, Donald McNeilly ; Vaudeville Old & New : An Encyclopedia of Variety Performers in America Volume 1（Routledge 2007）P37
(71) Marshall & Jean Stearns ; Jazz Dance : The Story of American Vernacular Dance（Da Capo Press 1994）P184
(72) Marshall & Jean Stearns　P186
(73) ボブ・トーマス　P81

ジーン・ケリー　フィルモグラフィー

＊監督のみ　＊＊監督・出演

邦題	原題	配給	公開年
フォー・ミー・アンド・マイ・ギャル	For Me and My Gal	MGM	1942
勝利への出撃	Pilot No.5	MGM	1943
デュバリイは貴婦人	Dubarry Was a Lady	MGM	1943
サウザンズ・チア（万雷の歓呼）	Thousands Cheer	MGM	1943
ローレンの反撃	The Cross of Lorraine	MGM	1943
カバーガール	Cover Girl	コロンビア	1944
クリスマスの休暇	Christmas Holiday	ユニバーサル	1944
錨を上げて	Anchors Aweigh	MGM	1944
ジーグフェルド・フォリーズ	Ziegfeld Follies	MGM	1945
リヴィング・イン・ア・ビッグ・ウェイ（でっかく生きる）	Living in a Big Way	MGM	1947
踊る海賊	The Pirate	MGM	1948
三銃士	The Three Musketeers	MGM	1948
ワーズ＆ミュージック	Words and Music	MGM	1948
私を野球につれてって	Take Me Out to the Ball Game	MGM	1949
＊＊踊る大紐育	On the Town	MGM	1949
ザ・ブラック・ハンド	The Black Hand	MGM	1950
サマー・ストック	Summer Stock	MGM	1950
巴里のアメリカ人	An American in Paris	MGM	1951
イッツ・ア・ビッグ・カントリー	It's a Big Country	MGM	1952
＊＊雨に唄えば	Singin' in the Rain	MGM	1952
赤い唇	The Devil Makes Three	MGM	1952
クレスト・オブ・ザ・ウエーブズ	Crest of the Waves (Seagulls Over Sorrento)	MGM	1954
ブリガドーン	Brigadoon	MGM	1954
我が心に君深く	Deep in My Heart	MGM	1955
＊＊いつも上天気	It's Always Fair Weather	MGM	1955

邦題	原題	配給	公開年
** 舞踏への招待	Invitation to the Dance	MGM	1956
** ハッピー・ロード	The Happy Road	MGM	1957
魅惑の巴里	Les Girls	MGM	1957
＊愛のトンネル	The Tunnel of Love	MGM	1958
初恋	Marjorie Morningstar	WB	1958
風の遺産	Inherit the Wind	UA	1960
恋をしましょう	Let's Make Love	20th Fox	1960
＊ジゴ	Gigot	20th Fox	1962
何という行き方！	What a Way to Go !	20th Fox	1964
ロシュフォールの恋人たち	The Young Girls of Rochefort	WB	1966
＊プレイラブ 48 章	A Guide for the Married Man	20th Fox	1967
＊ハロー・ドーリー！	Hello Dolly !	20th Fox	1969
＊テキサス魂	The Cheyenne Social Club	ナショナル・ジェネラル・ピクチャーズ	1970
エーゲ海の旅情	Forty Carats	コロンビア	1973
ザッツ・エンタテインメント	That's Entertainment !	MGM	1974
** ザッツ・エンタテインメント PART2（一部監督）	That's Entertainment, Part Ⅱ	MGM	1976
ビバ・ニーベル	Viva Knievel !	WB	1977
ザナドゥ	Xanadu	ユニバーサル	1980
ザッツ・ダンシング！	That's Dancing !	MGM ／ UA	1985
ザッツ・エンタテインメント PART3	That's Entertainment ! Ⅲ	MGM	1994

フレッド・アステア　フィルモグラフィー

邦題	原題	配給	公開年
ダンシング・レディ	Dancing Lady	MGM	1933
空中レヴュー時代	Flying Down to Rio	RKO	1933
コンチネンタル	Gay Divorcee	RKO	1934
ロバータ	Roberta	RKO	1935
トップ・ハット	Top Hat	RKO	1935
艦隊を追って	Follow the Fleet	RKO	1936

邦題	原題	配給	公開年
有頂天時代	Swing Time	RKO	1936
踊らん哉	Shall We Dance	RKO	1937
踊る騎士	A Damsel in Distress	RKO	1937
気儘時代	Carefree	RKO	1938
カッスル夫妻	The Story of Vernon and Irene Castle	RKO	1939
踊るニュウ・ヨーク	Broadway Melody of 1940	MGM	1939
セカンド・コーラス	Second Chorus	パラマウント	1940
踊る結婚式	You'll Never Get Rich	コロンビア	1941
スイング・ホテル	Holiday Inn	パラマウント	1942
晴れて今宵は	You Were Never Lovelier	コロンビア	1942
青空に踊る	The Sky's the Limit	RKO	1943
ジーグフェルド・フォリーズ	Ziegfeld Follies	MGM	1945
ヨランダと泥棒	Yolanda and the Thief	MGM	1945
ブルー・スカイ	Blue Skies	パラマウント	1946
イースター・パレード	Easter Parade	MGM	1948
ブロードウェイのバークレー夫妻	The Barkleys of Broadway	MGM	1949
土曜は貴方に	Three Little Words	MGM	1950
レッツ・ダンス	Let's Dance	パラマウント	1950
恋愛準決勝戦	Royal Wedding	MGM	1951
ベル・オブ・ニューヨーク	The Belle of New York	MGM	1952
バンド・ワゴン	The Band Wagon	MGM	1953
足ながおじさん	Daddy Long Legs	20th Fox	1955
パリの恋人	Funny Face	パラマウント	1956
絹の靴下	Silk Stockings	MGM	1957
渚にて	On the Beach	UA	1959
結婚泥棒	The Pleasure of His Company	パラマウント	1961
悪名高き女	The Notorious Landlady	コロンビア	1962
フィニアンの虹	Finian's Rainbow	WB	1968
強奪特急	The Midas Run	シネラマ・リリーシング・コーポレーション	1969

邦題	原題	配給	公開年
タワーリング・インフェルノ	The Towering Inferno	20th Fox ／ WB	1974
ザッツ・エンタテインメント	That's Entertainment !	MGM	1974
ザッツ・エンタテインメント PART2	That's Entertainment, Part Ⅱ	MGM	1976
ドーベルマンギャングⅢ	The Amazing Dobermans	ゴールデン・フィルムズ	1976
男と女のアヴァンチュール／紫のタクシー	Un Taxi Mauve	パラフランス・フィルムズ	1977
ゴースト・ストーリー	Ghost Story	ユニバーサル	1981

〈著者紹介〉
元来 渉（もとき わたる）
1953年　埼玉県生まれ
趣味でミュージカル映画のダンスについて研究

踊《おど》る大《だい》ハリウッド
ケリー、アステアから考《かんが》えるミュージカル映画《えいが》の深化《しんか》

2021年2月10日　第1刷発行

著　者　　元来　渉
発行人　　久保田貴幸

発行元　　株式会社 幻冬舎メディアコンサルティング
〒151-0051　東京都渋谷区千駄ヶ谷4-9-7
電話　03-5411-6440（編集）

発売元　　株式会社 幻冬舎
〒151-0051　東京都渋谷区千駄ヶ谷4-9-7
電話　03-5411-6222（営業）

印刷・製本　中央精版印刷株式会社
装　丁　　弓田和則

検印廃止

ISBN 978-4-344-93154-1 C0095
幻冬舎メディアコンサルティングHP
http://www.gentosha-mc.com/